Cleveres Nummernsystem

Die Sehenswürdigkeiten sind im Text und im Kartenmaterial mit derselben **magentafarbenen ovalen Nummer** ① markiert. Alle anderen Lokalitäten wie Geschäfte, Restaurants usw. tragen ein **Symbol und eine fortlaufende rote Nummer** (1). Die Liste aller Orte und die Zeichenerklärung befinden sich im Anhang.

Der Schmetterling …

… zeigt an, wo man Angebote im Bereich des nachhaltigen Tourismus findet.

Bewertung der Sehenswürdigkeiten

★★★ nicht verpassen
★★ besonders sehenswert
★ wichtig für speziell interessierte Besucher

Planquadrat im Kartenmaterial

[A1] Orte ohne diese Angabe liegen außerhalb unserer Karten. Ihre Lage kann aber wie die aller Ortsmarken mithilfe der begleitenden Web-App angezeigt werden (s. Anhang).

Vorwahlen
- für Österreich: 0043
- für Graz: 0316

Updates zum Buch
www.reise-know-how.de/citytrip/graz24

„Friendly Alien": das Kunsthaus Graz 19

029gr-dk

Graz – die jung gebliebene Perle an der Mur

Zwar ist Graz die zweitgrößte Stadt Österreichs, doch in Besucher-Rankings steht sie meist weit hinter den bekannteren Zielen der Alpenrepublik wie Salzburg, Wien oder diversen Orten in Tirol. Dabei bietet die kleine steirische Metropole alles, was einen gelungenen Citytrip ausmacht. Das Zentrum zeichnet sich durch seine weitestgehend historische Architektur aus, doch auch moderne Bauten prägen das Stadtbild – immerhin erhielt Graz von der UNESCO 2011 das Prädikat „City of Design". Geradezu überbordend für eine Stadt dieser Größe ist die Anzahl an hervorragenden Museen und Kunstausstellungen, das kulturelle Angebot ist nicht nur reichhaltig, sondern auch von höchster Qualität und schon seit vielen Jahren gilt die hiesige Gastronomieszene als eine der innovativsten in ganz Österreich.

All dies können Besucher meist in Ruhe genießen, denn Scharen von Tagestouristen, die mit Bussen angekarrt werden, halten sich hier erfreulicherweise in Grenzen. Graz präsentiert sich vielmehr als relaxte Universitätsstadt mit einer auffallend jungen Bevölkerung, für die soziale Gerechtigkeit und Nachhaltigkeit keine Fremdwörter darstellen. Seit 2021 die Kandidatin der Kommunistischen Partei Österreichs (KPÖ) Elke Kahr zur Bürgermeisterin gewählt wurde und eine Koalition mit den Grünen und der sozialdemokratischen SPÖ einging, stehen die Themen Gleichberechtigung und bezahlbares Wohnen ganz oben auf der Prioritätenliste. Dabei ist das Grazer Modell eine Premiere im ganzen Land. Anfangs wurde es von vielen Schwarzsehern als zum Scheitern verurteilt angesehen – ziemlich zu Unrecht, wie sich zeigt: Graz ist und bleibt lebenswert und das merkt man auch als Besucher in kürzester Zeit. Na, dann viel Spaß!

Der Autor

Daniel Krasa, geboren 1976 in Wien, hat trotz seiner langjährigen Aufenthalte im Nahen Osten, in Südamerika, Indien und Südostasien den Kontakt zu Österreich nie verloren. Alljährlich zieht es ihn zurück in die alte Heimat. An Graz reizen ihn die vielen Gegensätze und die außergewöhnliche Lokaldichte.

Im Reise Know-How Verlag liegen von Daniel Krasa neben dem CityTrip „Graz" mehrere Bände in der Kauderwelsch-Reihe, die CityTrips „Wien", „Frankfurt", „Neapel" und „Tel Aviv", der MeinTrip „Salzburger Land und Salzkammergut" sowie die Reiseführer „Österreich" und „Ibiza mit Formentera" (zusammen mit Hans-R. Grundmann) vor.

090gr-dk

Graz auf einen Blick

0 — 200 m

Inhalt

NICHT VERPASSEN!

1 Hauptplatz [D4]
Nirgends lässt sich so gut das örtliche Flair atmen wie bei einem Spaziergang durch das Herz der Innenstadt. Wie kaum ein anderer Ort in Graz spiegelt der Hauptplatz mit seinen herrschaftlichen Gebäuden dabei die Eleganz vergangener Epochen wider (s. S. 14).

5 Schloßberg [D2]
Wer genug vom Trubel des Stadtzentrums hat, kann sich auf den 123 m hohen Schloßberg begeben, dabei den Blick über Graz genießen und vielleicht sogar inmitten des begrünten Areals ein bisschen Ruhe tanken (s. S. 21).

11 Mausoleum [E4]
In diesem Schmuckstück des Manierismus befinden sich die sterblichen Überreste von Kaiser Ferdinand II., der Anfang des 17. Jahrhunderts das Heilige Römische Reich regierte (s. S. 30).

12 Grazer Dom [E4]
Der bedeutendste Sakralbau der Stadt ist ein Wechselspiel aus nüchterner Architektur im Stil der Gotik und prunkvoll-verspielter barocker Inneneinrichtung (s. S. 32).

14 Herrengasse [D4]
Ob zum Bummeln, Shoppen oder Flanieren, die verkehrsberuhigte Hauptgeschäftsstraße der Stadt – die Herrengasse – ist immer einen Besuch wert (s. S. 35).

15 Landhaus und Landeszeughaus [D4]
Das eindrucksvolle Landhaus beherbergt die größte Rüstkammer der Welt und gewährt einen Blick in die militärische Vergangenheit des 16. Jahrhunderts (s. S. 37).

19 Kunsthaus Graz [C4]
Als eines der bedeutendsten Museen zeitgenössischer Kunst bietet das Kunsthaus stets wechselnde Ausstellungen. Auch von außen ist das Gebäude außergewöhnlich (s. S. 42).

091gr-dk

Kurztrip nach Graz

Man sollte idealerweise zwei Tage für Graz „im Gepäck" haben, denn nur wer ein bisschen Zeit zum Verweilen hat, kommt in den unwiderstehlichen Sog dieser faszinierenden, jungen und pulsierenden Stadt mit historischen Wurzeln. Graz macht es aber auch Tagesbesuchern leicht, nicht weil es hier nur wenig zu sehen gäbe, sondern weil die meisten Hauptsehenswürdigkeiten nah beieinander liegen. Die folgenden Routenvorschläge bringen einem die wichtigsten Orte der Stadt näher und man lernt dabei ganz nebenbei auch die lauschigsten Plätze kennen.

1. Tag: Graz für Kunst- und Kulturfans

Im Vordergrund sollte am ersten Tag ein ausgiebiger Bummel durch die Innenstadt stehen, denn hierbei erlebt man das historische Graz und erfährt alles Wesentliche, um in Sachen „steirische Hauptstadt" mitreden zu können. Der Verlauf der im Folgenden beschriebenen Route ist mit einer **grünen Linie im Faltplan** eingezeichnet.

Ausgangspunkt für eine Erkundung sollte der **Hauptplatz** ❶ mit dem **klassizistischen Rathaus** sein, doch wir halten uns nicht lange auf dem Platz auf, sondern schlendern die geschichtsträchtige **Sackstraße** ❸ entlang bis zum **Schloßbergplatz**, ab dem eine „Besteigung" des **Schloßbergs** ❺ zu Fuß über den **Kriegssteig** oder auch mit dem **Glaslift** möglich ist.

Den ersten Besichtigungstag mit dem Schloßberg zu beginnen, hat einen triftigen Grund: Nur von hier oben hat man von verschiedenen Punkten den **besten Überblick** über die Altstadt und auch die Stadtteile westlich der Mur. Die noch intakte historische Dächerlandschaft ist wohl ziemlich einzigartig in Mitteleuropa für eine Stadt dieser Größe. Eine Besichtigung der Kasematten sollte man dabei genauso wenig auslassen wie die des Glockenturms oder der Kanonenbastei.

Danach begibt man sich gemächlichen Schrittes zur Altstadt hinab, am besten in Richtung Südwesten bis zum **Karmeliterplatz** ❼ mit seinen entspannten Cafés. Weiter geht es durch die **Sporgasse** ❻ und die Ballhausgasse oder direkt über die Hartiggasse zum **Freiheitsplatz** ❽. Gleich hier befindet sich auch das **Schauspielhaus** ❾, eines der wichtigsten Sprechtheater des gesamten deutschen Sprachraums.

Über die Hofgasse in Richtung Westen erreicht man das Bauensemble der **Grazer Stadtkrone**, wo **Dom** ⓬ und **Mausoleum** ⓫ auf jeden Fall einen genaueren Blick lohnen. Auch die **Doppelwendeltreppe** in der **Burg** ❿ muss man unbedingt gesehen haben, da sie in ihrer Art einzigartig auf der Welt ist.

Die über die Bürgergasse und die Abraham-a-Santa-Clara-Gasse zu erreichenden, wie an einer Kette aufgefädelten Plätze **Glockenspielplatz** ⓭, **Mehlplatz** und **Färberplatz** sind von

◁ *Vorseite: Abendstimmung am Mehlplatz [D4]*

▷ *Von klassischer bis hin zu modernster Architektur hat Graz vieles zu bieten*

einer Vielzahl an historischen Bauten mit sehenswerten Fassaden und Innenhöfen umgeben und hier wäre eine längere Pause in einem der **vielen Lokale** ringsum empfehlenswert.

Wieder über die **Sporgasse** 6 erreicht man schnurstracks erneut den **Hauptplatz** 1, an dem neben dem erwähnten Rathaus auch zahlreiche andere Gebäude sehenswert sind. Je nach individuellem Interesse kann man sich nun entscheiden, ob man eher dem Profanen frönen möchte – z. B. dem **Shopping** entlang der **Herrengasse** 14 – oder ob das Thema **Kunst** im Vordergrund steht, etwa beim Besuch des **Joanneumsviertels** 16 oder des **Kunsthauses** 19 auf der gegenüberliegenden Seite der Mur. Wer sich hingegen mit der Entwicklung der Stadt beschäftigen will, der sollte sich noch ca. eineinhalb Stunden Zeit für das **GrazMuseum** 4 nehmen, das die Geschichte mit vielen interessanten Objekten und dem sehr anschaulichen Modell der historischen Stadt hervorragend erklärt.

Entspannung findet man nach einem intensiven Besichtigungsprogramm im **Stadtpark** (s. S. 94) und zum abendlichen Festschmaus empfehlen sich der **Landhaus-Keller** (s. S. 71) oder **Die Herzl Weinstube** (s. S. 71) für typisch steirische Köstlichkeiten. Wer danach noch Energie bzw. kein Arrangement für eine kulturelle Soirée getroffen hat, findet im **„Bermudadreieck“** (Glockenspielplatz 13) oder im **Universitätsviertel** 23 jede Menge Lokale und Bars, wo bis in die frühen Morgenstunden der Bär steppt.

2. Tag: Die vielen Gesichter von Graz

Wenn man sich am ersten Tag voll und ganz auf die Grazer (Bau-)Kultur im Stadtzentrum konzentriert hat, sollte man den zweiten für die wichtigsten Museen, die weniger bekannten Stadtviertel oder wahlweise das ländlich anmutende Umland reservieren.

Auch am **zweiten Tag** ist der **Hauptplatz** 1 der optimale Ausgangspunkt für die geplante Erkundung, allerdings hält man sich dieses Mal in Richtung Süden auf der **Herrengasse** 14. Hier erreicht man eine

085gr ©Robert Biedermann, stock.adobe.com

herausragende Sehenswürdigkeit, die man sich nicht entgehen lassen sollte: Das **Landhaus** 15 ist ein Meisterwerk Domenico dell'Allios und sicherlich der schönste Renaissancebau der Stadt mit einem atemberaubenden Innenhof samt Pfeilerarkaden. Einen großen Teil des Gebäudes nimmt das **Landeszeughaus** ein, das als größte Sammlung historischer Waffen weltweit gilt. Über die Rückseite des Landhauses kann man die **Schmiedgasse** Richtung Hauptplatz zurückgehen und wendet sich dann links Richtung Mur, wo man ein weiteres Kleinod der Innenstadt entdecken kann, den **Franziskanerplatz** 2. Mit den kleinen Geschäften, die direkt an die Kirchenmauer angebaut sind, und den pittoresken, verwinkelten Gassen, die auf ihn münden, bietet er das vermutlich altertümlichste Ambiente aller Plätze von Graz.

Nun hat man in der Innenstadt alles mehr oder weniger abgehakt und für die weitere Tagesplanung bietet sich – zumindest in den Monaten April bis Oktober – ein Besuch des wirklich herausragend prunkvollen **Schlosses Eggenberg** 27 im Westen der Stadt an. Wer sich nach etwas Spiritualität sehnt, der sollte zur **Basilika Mariatrost** 24 fahren, einer Wallfahrtskirche, die im Nordosten der Stadt majestätisch auf einem Hügel thront. Möchte man dagegen lieber dem oftmals kolportierten **„mediterranen Lebensgefühl"** der Murmetropole nachspüren, kann man zu einem entspannten Spaziergang durch das **Annenviertel** (s. S. 46), entlang des **Kunsthauses** 19 und des **Mariahilfer-** 20 und **Lendplatzes** 22 aufbrechen.

Genug von Asphalt und Abgasen? Um ein bisschen Landluft zu schnuppern, eignet sich ein Besuch im **Freilichtmuseum Stübing** 31, knapp 20 Kilometer von der Stadt entfernt und z. B. auch mit dem Fahrrad zu erreichen. Hier sind Bauernhäuser und ganze historische Dorfteile aus Österreich in einer wunderbaren Landschaft aufgebaut worden. Wer noch nicht genug von Kultur und Kunst hat,

Die Basilika Mariatrost 24 ist auch von Innen eine Freude fürs Auge

Das gibt es nur in Graz

- Der Grazer **Uhrturm** auf dem Schloßberg 5 ist zweifelsohne das Wahrzeichen der Stadt. Erbaut wurde er im 16. Jahrhundert und nach den Napoleonischen Kriegen konnte er durch engagierte Grazer Bürger vor der Zerstörung gerettet werden. Die Uhren sind schon gut 300 Jahre alt und der hölzerne Umgang diente den Feuerwächtern als Beobachtungsausblick. Im Falle eines Brandes wurde die Glocke geläutet, um Alarm zu schlagen.
- **Rostige Nägel** gibt es wohl überall, aber keinen, der mehrere Meter hoch ist. Die Skulptur im Stadtpark (s. S. 94) wurde 1985 vom amerikanischen Künstler Serge Spitzer angefertigt und befindet sich nahe dem Stadtbrunnen. Sie war Anlass zu heftigsten Auseinandersetzungen unter der Grazer Bürgerschaft und der Spitzname, der ihr bis heute erhalten geblieben ist, zeigt keine Begeisterung für dieses Kunstwerk.
- Einen **Radweg,** der **durch ein Haus** führt und in der Nacht und am Wochenende abgesperrt wird, nennt sicherlich auch nur Graz sein Eigen. Der Abstecher des Murradwegs (s. S. 93) Richtung Zentrum verläuft nämlich durch das Amtshaus in der Schmiedgasse 26, das außerhalb der Bürozeiten geschlossen ist.
- Straßentunnels gibt es viele, aber dass man auf einem **Fußweg einen Berg** durchqueren kann, ist eine Grazer Besonderheit. Den Schloßberg 5 kann man nämlich nicht nur über-, sondern auch „unterqueren". Vom Schloßbergplatz 3 führt ein begehbarer Stollen bis zur Paulustorgasse.

aber trotzdem „hinaus aufs Land" möchte, dem sei ein Besuch des **Stiftes Rein** 30 ans Herz gelegt. Das 1129 gegründete Kloster ist das älteste Zisterzienserstift der Welt und beherbergt u. a. eine umfangreiche Bibliothek mit seltenen Handschriften und Büchern.

Wer hingegen **wandern** will, der kann im Westen der Stadt die **Burgruine Gösting** 26 und den **Plabutsch** oder auch den **Buchkogel** (s. S. 51) erklimmen oder den höchsten Berg in Stadtnähe – den 1445 m hohen **Schöckl** (s. S. 49) – auf Schusters Rappen oder per Gondel bezwingen.

006gr-dk

Entspanntes Marktflair auf dem Lendplatz 22

Stadtspaziergang

Wir starten diesen (ohne Besichtigungszeiten) etwa zweistündigen Spaziergang durch das etwas unbekanntere Graz im Herzen der Altstadt, dem **Glockenspielplatz** 13, an den sich Richtung Süden mit der Engen Gasse, Bindergasse und Schlossergasse ein zauberhaft verwinkeltes, verkehrsberuhigtes Gassengewirr anschließt. Je nach Belieben bieten sich eine Vielzahl kleiner Shops oder Lokale zum Verweilen an, besonders im Umfeld der Stempfergasse oder weiter südlich in der Hans-Sachs-Gasse. Dem Kultur- und Architekturinteressierten kann die Vielzahl historischer Gebäude und Plätze mit den wunderbaren Fassaden, Toren und Fenstern sicherlich ebenfalls Genuss bringen.

Man folgt vom Glockenspielplatz der Engen Gasse und dann der Schlossergasse und erreicht durch ein kleines Tor und an der **Stadtpfarrkirche „Zum Heiligen Blut“** vorbei die breite **Herrengasse** 14, wo sich ein Geschäft an das andere reiht und das lebhafte Geplauder der Fußgänger nur durch das Rumpeln der Straßenbahnen, die ohne Unterlass hin- und herfahren, unterbrochen wird. Über die Stubenberggasse in Richtung Westen kommt man in die **Schmiedgasse**, ein gemütliches Sträßchen voll netter Boutiquen und altertümlichem Flair. Nach Süden gelangt man über den Joanneumring zum weit offenen, großflächigen **Jakominiplatz** 17, wo sich alle Straßenbahnlinien und viele Buslinien treffen.

Wieder zurück auf der Schmiedgasse in Richtung Norden kommt man, kurz in die Albrecht- und dann in die Neue-Welt-Gasse abbiegend, zum **Franziskanerplatz** 2, der einem nach Westen hin den direkten Weg zur Mur weist. In Graz gewesen zu sein und die Mur nicht ausgiebig betrachtet zu haben, wäre ein großer Fehler, denn der reißende Strom hat die Entstehung der Stadt wesentlich geprägt. Gleich um die Ecke des Franziskanerplatzes kommt man zur **Erzherzog-Johann-Brücke**, von der man einen wunderbaren Blick auf das idyllisch verwachsene Ufer und die **Murinsel** 21 hat. Nun ist es nur noch ein Katzensprung auf die andere Seite des Flusses, wo man am Eisernen Haus vorbeikommt, das aus der späten Biedermeierzeit stammt und jetzt einen Teil des **Kunsthauses** 19 bildet, die „Blasen“ oder das „Friendly Alien“, wie der Volksmund das moderne Museum nennt.

Routenverlauf im Stadtplan

Der hier beschriebene Spaziergang ist mit einer orangen Linie im Stadtplan eingezeichnet.

073gr-dk

◀ *Highlight am Glockenspielplatz* 13 *– das hölzerne Trachtenpärchen erscheint um 11, 15 und 18 Uhr*

007gr-dk

Weiter geht es über die **Mariahilferstraße** [C3–4] entlang des Minoritenklosters zum **Lendplatz** 22. In dieser gesamten Gegend hat sich eine reiche, teilweise alternative Lokalszene angesiedelt, weshalb besonders viele junge Leute hier einkehren. An Werktagen findet außerdem bis 13 Uhr ein netter Bauernmarkt statt.

Man folgt nun der Fellingergasse nach Osten, läuft den Lendkai nach Norden und überquert die Mur auf der **Keplerbrücke.** Wenn man den **Schloßberg** 5 von hinten umrundet, kann man über das Glacis, das Freigelände vor der ehemaligen Stadtmauer, das heute den Stadtpark (s. S. 94) bildet, noch ins **Universitätsviertel** 23 spazieren. Dieser Stadtteil liegt zwischen Glacis,- Heinrich-, und Elisabethstraße und bietet eine Menge angenehmer Cafés, Lokale und Gastgärten, die hauptsächlich von der studentischen Bevölkerung frequentiert werden. Hier kann man wunderbar das Leben der Hochschüler und Junggebliebenen in situ studieren. Außerdem befindet sich hier das vielleicht beste Beispiel der Frühgotik in Graz, die **Leechkirche.** Sie steht etwas versteckt zwischen Zinzendorf- und Rittergasse.

Durch den Stadtpark und über die Saurau-, die Paulustor- und die **Sporgasse** 6 kommt man ins Epizentrum der Altstadt, zum **Hauptplatz** 1, an dem man einen Abstecher ins Palais Stürgkh (Hausnummer 17) riskieren und sich hier nach links in einen Durchgang wenden sollte: Man landet in dem wunderbaren Arkadenhof mit Sgrafitto-Malerei. Wieder zurück auf dem Hauptplatz und in der angrenzenden Herrengasse 14 erreicht man durch verschiedene Durchgänge wie die Pomeranzengasse oder die Altstadtpassage (auch Glockenspiel-Durchgang genannt) den **Färberplatz** und über den angrenzenden Mehlplatz wieder den Ausgangspunkt, den **Glockenspielplatz.**

Garantiert nicht langweilig: die Herrengasse 14

Erlebenswertes in der Altstadt

Die Altstadt von Graz bildet den historischen Kern des Stadtbezirks Innere Stadt und ist dabei wohl eine der schönsten ihrer Art in ganz Europa, denn das nahezu komplett erhaltene historische Stadtbild mit seinen eindrucksvollen Bürgerhäusern und Palais, im Besonderen aus der Zeit der Renaissance, gibt einen wahrhaftig traumhaften Eindruck von einer längst vergangenen Zeit. Und so verblüfft es nicht, dass praktisch das gesamte bauliche Innenstadtensemble seit 1999 auf der Liste des UNESCO-Welterbes steht. Wissenswert ist in diesem Zusammenhang, dass speziell der mondäne Hauptplatz 1 *und die umliegenden Straßen und Gassen in etwa dort verlaufen, wo bereits bei den Römern und den später hier siedelnden slawischen Völkern die Hauptverkehrsstraßen lagen.*

1 Hauptplatz ★★★ [D4]

Noch mehr historisches Flair geht an der Mur wohl nirgends! Das unangefochtene Zentrum von Graz ist der schmucke Hauptplatz, der buchstäblich im Schatten des klassizistischen Rathauses mit seiner auffälligen Kuppel und den verzierten Ecktürmchen liegt und den unweigerlichen Nullpunkt für jede Stadterkundung darstellt.

Kein Grazbesuch wäre ohne ein zumindest kurzes Verweilen auf dem großzügig angelegten Platz vollkommen. Mitte des 12. Jahrhunderts ließ der Traungauer **Herzog Ottokar III.** etwa an dieser Stelle den **Marktplatz** anlegen, doch bereits vorher dürften sich Händler aus den umliegenden Regionen in regelmäßigen Abständen hier versammelt haben, um ihre Waren auszutauschen, immerhin laufen von jeher unterhalb des schützenden Schloßbergs Handelswege aus allen Himmelsrichtungen zusammen.

Als 1189 Graz das **Stadtrecht** verliehen bekam, entwickelte sich der Hauptplatz schnell zu dem, was er auch heute noch in gewissem Maße ist: das pulsierende Herz der Stadt. Zwar finden seit Ende des Mittelalters glücklicherweise keine Hinrichtungen mehr statt, doch weltliche und kirchliche **Veranstaltungen** wie Volksfeste, Prozessionen, politische Kundgebungen und allerlei gastronomische Events geben sich das ganze Jahr über in kurzen Abständen ein Stelldichein. Hinzu kommt, dass der Hauptplatz neben dem Jakominiplatz 17 einen zentralen **Umsteigepunkt vieler Straßenbahnlinien** bildet und sich folglich von frühmorgens bis spätabends ein geschäftiges Treiben beobachten lässt. Hungrige Mägen werden bis weit in die Nacht hinein an den **Imbissständen** mit diversen Würstchen, Schnitzelsemmeln und asiatischen Nudelgerichten versorgt und am Nordende des Platzes befindet sich die zum Juwelier Weikhard gehörende **Standuhr**, der klassische Treffpunkt aller Grazerinnen und Grazer.

Der beste Grund für einen Besuch des Hauptplatzes ist aber das wirklich **imposante Rathaus**, das in seiner aktuellen Form 1893 vollendet wurde. Bereits 1550 wurde zwar an diesem Standort ein Rathaus im Renaissancestil erbaut, für das man die Fläche des Platzes seinerzeit beina-

Eine Perle des Klassizismus – das Rathaus auf dem Hauptplatz

he halbierte, doch 1803 war das alte Gebäude nicht mehr repräsentativ genug und man entschied sich dafür, ein neues zu errichten, finanziert durch eine eigens eingeführte Steuer auf Wein. Das heutige Gebäude mit seinem **klassizistischen Fassadenschmuck** ist ein weiterer Umbau dieses zweiten Vorläufers nach den Plänen der Architekten Theodor Reuter und Alexander Wielemans, bei dem besonders der Haupttrakt und die Südseite nochmals gehörig erweitert wurden. Seit 2001 sind auch die vier **Nischenfiguren** über dem Hauptportal wieder zu bewundern, die die vier historischen Grundpfeiler der Gesellschaft, Handel, Wissenschaft, Kunst und Gewerbe, darstellen.

Doch nicht nur der Amtssitz der Grazer Bürgermeisterin, in dem sich auch der Gemeinderat und Teile der Stadtverwaltung befinden, ist sehenswert, sondern auch die **Bürgerhäuser** und **Stadtpalais**, allen voran an der Westseite das 1710 errichtete **Weißsche Haus** (Nr. 3) mit seinem Korbbogen-Steinportal, die **Adler-Apotheke** (Nr. 4) aus dem 16. Jahrhundert, an der man noch das 1535 angebrachte Hauswappen in Form eines schwarzen Adlers erkennt, und das **Bürgerhaus zum Großen Christoph** (Nr. 6), an dessen Fassade das Fresko des heiligen Christophorus zu bewundern ist.

Ins Auge springen einem außerdem auf der Ostseite des Platzes die beiden stuckverzierten **Luegg-Häuser** (Nr. 11 und 12) samt Arkadengang im Barockstil an der Ecke zur Sporgasse ❻, in denen sich eine Filiale der Firma Swarovski und der Bäckerei Martin Auer (s. S. 89) befinden. Zwischen den Hausnummern 15 und 16 führt die enge Pomeranzengasse zum Färberplatz und bei der Nr. 17 sollte man keinesfalls das **Palais**

009gr-dk

Stürgkh übersehen, das von der gleichnamigen, 1532 in den Adelsstand erhobenen Handelsfamilie erbaut wurde und das sich durch die Verwendung unterschiedlicher Stilformen auszeichnet.

Wer nach all diesen architektonischen Eskapaden eine Ruhepause benötigt, der kann am Fuß des imposanten **Erzherzog-Johann-Brunnens** Platz nehmen und die zauberhaften Darstellungen der vier wichtigsten „steirischen" Flüsse Drau, Enns, Mur und Sann (die heutige Savinja, die in Slowenien, der ehemaligen „Untersteiermark", fließt) betrachten. Für das ultimative Foto des Brunnens, auf dem das überlebensgroße **Bronzestandbild** des speziell in der Steiermark als Förderer von Kultur und Wirtschaft geltenden **Erzherzogs Johann** (1782–1859) steht, bietet sich die Südseite an, denn von hier erkennt man den sich dahinter befindenden Schloßberg 5 mit dem Uhrturm.

› Hauptplatz, Haltestelle Hauptplatz, Straßenbahn 1, 3, 4, 5, 6, 7

2 Franziskanerplatz ★★ [C4]

Wo früher Fleischer ihre Waren feilboten, liegt das vielleicht pittoreskeste Gassengewirr der Altstadt, das nicht zuletzt aufgrund des hiesigen gastronomischen Angebots bei Jung und Alt gleichermaßen beliebt ist. Und wer Beschaulichkeit sucht, der sollte sich einen Moment Zeit nehmen, um den Kreuzganz des Franziskanerklosters mit der angeschlossenen Kirche zu besuchen.

Verlässt man den Hauptplatz 1 in Richtung Westen durch die kleine Franziskanergasse, erreicht man nach wenigen Metern den geradezu **mittelalterlich anmutenden** Franziskanerplatz. Dieser sowie der angrenzende Kapaunplatz wurden früher als **„Kälbernes Viertel"** bezeichnet, waren doch hier die Metzger der Stadt ansässig. Karnivore muss man mittlerweile definitiv nicht mehr sein, um in den Genuss köstlicher Leckerbissen zu kommen, denn das kleine Viertel weist eine geradezu eindrucksvol-

011gr-dk

le Lokaldichte auf. Zu den beliebtesten Adressen zählen hier für Pizza und Pasta das begehrte Don Camillo (s. S. 73) oder die schicke Bar Dreizehn (s. S. 79) auf ein Getränk.

Über den Franziskanerplatz hat man auch Zugang zum bereits 1239 gegründeten **Kloster**, in dessen Innerem der gotische **Kreuzgang** an einem begrünten Innenhof mit Kruzifix vorbei zur sogenannten Jakobikapelle führt. Es ist eine Wohltat, hier – nur einen Steinwurf vom wuseligen Hauptplatz entfernt – etwas Ruhe zu tanken. Folgt man dem Kreuzgang weiter, kommt man ins linke Seitenschiff der 1525 errichteten **Franziskanerkirche**, deren vergleichsweise schlichtes Inneres – die Franziskaner waren ein Bettelorden – mit seinem Kreuzrippengewölbe so gar nicht zum eindrucksvollen Turm passt. Kein Wunder, denn es war die Stadtregierung, die im 17. Jahrhundert darauf bestand, hier einen markanten **Stadtturm** zu bauen und so ist die Franziskanerkirche bis heute eines der unverkennbaren Wahrzeichen der Grazer Skyline.

Verlässt man das Gotteshaus durch den Haupteingang, befindet man sich unmittelbar am Murufer. Über die Erzherzog-Johann-Brücke erreicht man im Handumdrehen das moderne **Kunsthaus** 19, das einen nicht nur architektonisch schnurstracks wieder zurück ins 21. Jahrhundert bringt.

› Franziskanerplatz, Haltestelle Hauptplatz oder Südtiroler Platz/Kunsthaus, Straßenbahn 1, 3, 4, 5, 6, 7

010gr-dk

⌃ *Den schönsten Blick auf die Franziskanerkirche hat man vom westlichen Murufer aus*

‹ *Ob tagsüber, abends oder nachts – am Hauptplatz* 1 *ist immer etwas los*

3 Sackstraße und Schloßbergplatz ★★ [C3]

Wo, wenn nicht in der noblen Sackstraße, dem ältesten immer noch bestehenden Straßenzug von Graz, könnte man besser der Stadtgeschichte nachspüren? Über sie erreicht man auch den romantischen Schloßbergplatz am Fuße des stattlichen Dolomitsolitärs, den man ab hier etwas schweißtreibend zu Fuß oder mithilfe des Lifts erklimmen kann.

Die **Sackstraße** mit ihren Galerien, Schmuck- und Antiquitätengeschäften sowie Werkstätten und Ateliers wird zur linken Seite von der Mur und zur rechten vom steilen Schloßberg 5 flankiert und führt vom Hauptplatz 1 in Richtung Norden bis zur Keplerbrücke. Doch das war nicht immer so, denn ursprünglich endete die kurz als „Sack" bezeichnete Straße an der ehemaligen **Stadtmauer**, die in etwa dort stand, wo sich heute der Reinerhof (Nr. 20)

012gr-dk

⌃ *Nichts für Fußkranke – der Aufstieg über den „Kriegssteig" ist schweißtreibend*

⌃ *Der Schloßbergplatz* 3 *vom Kriegssteig aus*

befindet. Als man ab dem ausgehenden 15. Jahrhundert – speziell in der Amtszeit von Kaiser Friedrich III. (1415–1493) – im Zuge der **Stadterweiterung** die Mur regulierte und die Stadt gen Norden erweiterte, musste auch die Stadtmauer des Öfteren verlegt werden und entsprechend wurde die Sackstraße in **drei Phasen** – unter Geschichtsschreibern als „erster", „zweiter" und „dritter Sack" bezeichnet – bis zum heutigen Verlauf verlängert. Der „dritte Sack" wurde im 17. Jahrhundert fertiggestellt und endete seinerzeit immer noch an einer Befestigungsanlage, dessen Tor von einem zwölf Meter hohen Turm bewacht wurde.

Interessant ist, dass die einzelnen Abschnitte der Sackstraße bis 1835 bzw. 1850 noch die inneren Stadttore behielten und dadurch bis heute **baulich durchaus unterschiedlich** wirken. So lebten im „ersten" und „zweiten Sack" vor allem Adlige und Angehörige des gehobenen Bürgertums, während sich im „dritten Sack" Gewerbetreibende, Handwerker und Kleinbürger ansiedelten. Deren Häuser waren bis ins 17. Jahrhundert meist aus Holz und fielen in den Jahren 1607 und 1670 **großen Bränden** zum Opfer. Ein weiteres Problem waren die immer wiederkehrenden **Hochwasser.** Tatsächlich war dieser nördliche Abschnitt im 19. Jahrhundert weitestgehend chaotisch, unhygienisch und eng – immerhin handelte es sich um das am dichtesten besiedelte Gebiet der Stadt. Hinzu kam, dass nach Schleifung des letzten Stadttors im Jahr 1850 an dessen Stelle ein **Gefängnis** errichtet wurde, das den Grazern bis zu seinem Abriss etwa 30 Jahre später nicht nur baulich ein Dorn im Auge war.

Heute präsentiert sich die Sackstraße als Prachtstück innerhalb der Altstadt mit stattlichen Palais wie dem von den Fürsten von Eggenberg 1630 gebauten **Palais Herberstein** (Nr. 16) mit seinen Deckenfresken im Treppenhaus, in dem sich das zum Universalmuseum Joanneum gehörende **Museum für Geschichte** (s. S. 66) befindet, oder das **Palais Khuenburg** (Nr. 18) mit seinem balkonbekrönten Säulenportal, das heutzutage das **GrazMuseum** 4 beherbergt. Gegenüber steht das **Große Palais Attems** (Nr. 17), das außerordentlichste Barockpalais der Stadt, das am Anfang des 18. Jahrhunderts von der oberitalienischen Adelsfamilie Attems erbaut wurde und zeitweise deren einzigartige Kunstsammlung beherbergte. Heute haben die Betreiber der **Kulturfestivals Steirischer Herbst** (s. S. 84) und **styriarte** (s. S. 97) hier ihren Sitz.

Überquert man erneut die Sackstraße, erreicht man den schmalen Schloßbergplatz, der im Osten durch den gewaltigen Dolomitfelsen begrenzt wird. Ab hier führt ein 260 Stufen zählender Zickzackpfad – der sog. **Kriegssteig** – (kostenlos) hinauf zum Uhrturm. Gehfaule haben die Möglichkeit, in 30 Sekunden per **Glaslift** (geöffnet tägl. 8–0.30 Uhr, Preis: 2,20 €, ermäßigt 1,60 €) im Berginneren nach oben zu gelangen. Als Alternative bietet sich außerdem die **Schloßbergbahn** an, eine Standseilbahn, die bis zu 60 % Steigung überwindet und dort abfährt, wo die Sackstraße auf den Kaiser-Franz-Josef-Kai stößt (geöffnet So–Do 9–24 und Fr–Sa 9–2 Uhr, Stundenkarte 3 €, ermäßigt 1,50 €, ab 17 Uhr Berg- und Talfahrt ohne Zeitlimit 5,90 €, ermäßigt 3,10 €, Fahrtzeit: ca. 3 Minuten, Abfahrt: alle 15 Minuten).

An der Südseite des Schloßbergplatzes befindet sich der **Reinerhof** (Nr. 20), ein ehemaliges Stift der Zisterziensermönche, dessen Bau auf das Jahr 1164 zurückgeht und der entsprechend als ältestes noch bestehendes Gebäude der Stadt gilt. Gegenüber befindet sich die **Alte Münze** (s. S. 70) mit ihrer interessanten Fassade und an der Westseite steht die 1694 bis 1704 erbaute, barocke **Dreifaltigkeitskirche**, ursprünglich Ursulinenkirche genannt, über deren Vorplatz man zum Murufer gelangt.

013gr-dk

Wer hingegen Shopping-Gelüste hegt, der wird sicherlich auf den sechs Stockwerken des in Glas und Stahl gefassten **Kaufhauses Kastner & Öhler** (s. S. 85) mit seinen insgesamt 20.000 m² Verkaufsfläche fündig, denn das 1898 gegründete Einkaufsparadies gilt nicht umsonst als das Schönste seiner Art in Österreich. Vom **Café Freiblick** (s. S. 76) mit Terrasse im obersten Stockwerk hat man zudem einen wunderbaren Blick über die Altstadt und auf den Schloßberg.

› Sackstraße, Haltestellen Schloßbergplatz/Murinsel und Schloßbergbahn, Straßenbahn 4, 5

4 GrazMuseum ★★ [C3]

Das im barocken, geschichtsträchtigen Palais Khuenburg angesiedelte GrazMuseum beschäftigt sich mit der Entwicklung der Stadt. Ein Besuch bietet sich gleichermaßen vor oder nach einer ersten Begehung der Inneren Stadt an, um ein wenig Licht in das ein oder andere Kapitel der urbanen Geschichte zu bringen.

Nach seiner Gründung im Jahr 1928 stellte das ursprünglich Stadtmuseum genannte GrazMuseum 44 Jahre lang nur in räumlichen Provisorien aus, bis es 1972 endlich seinen Platz im **Palais Khuenburg** fand. Das 1564 erbaute Palais mit seinem stattlichen Portal und dem beeindruckenden Treppenhaus ist schon für sich genommen äußerst besuchenswert, denn hier erblickte 1863 der österreichische Thronfolger **Franz Ferdinand** das Licht der Welt. Er war der Sohn des Erzherzogs Karl Ludwig von Österreich (1833–1896) – dem Bruder von Kaiser Franz Joseph – und seiner Ehefrau Maria Annunziata von Neapel-Sizilien. Seine Ermordung im Jahr 1914 in Sarajevo löste den Ersten Weltkrieg aus.

014gr-dk

Die **Dauerausstellung** des Museums beschäftigt sich v. a. mit der Entwicklung der Stadt seit ihrer Gründung im 12. Jahrhundert bis in die Gegenwart und beleuchtet dabei nicht nur historische, sondern auch politische, soziale, wirtschaftliche und kulturelle Gesichtspunkte. Hinzu kommen regelmäßige **Wechselausstellungen**, die sich einem speziellen Thema widmen, bei dem nicht selten die Vergangenheit der Stadt auf kritische Art und Weise hinterfragt wird. Die **Sammlung** des Museums beinhaltet eine Vielzahl an Objekten aus allen erdenklichen Bereichen inklusive Malereien, Militaria, Skulpturen und Theaterutensilien. Nicht übersehen sollte man bei einem Museumsbesuch (Besuchszeit etwa 90 Minuten) die Originalfigur des türkischen Soldaten, dessen Kopie immer noch die Fassade des Palais Sarau Goëss in der Sporgasse 6 ziert, das eindrucksvolle Amtsschwert des Stadtrichters aus dem Jahre 1547 und die historischen Zeichnungen und Malereien der Stadt wie die von Conrad Kreuzer 1836 gefertigte „Die neuerbaute Kettenbrücke der Hauptstadt Graz“.

Über wirklich außergewöhnliche Exponate verfügt außerdem das dazugehörige **Apothekenmuseum**, das auf Anfrage individuell oder im Rahmen einer Führung besucht werden kann.

› Sackstraße 18, Haltestelle Schloßbergplatz/Murinsel, Straßenbahn 4, 5, Tel. 0316 8727600, www.grazmuseum.at, tägl. 10–18 Uhr, Eintritt 7 €, ermäßigt 5 €

◁ *Altargemälde wie dieses von Franz Steinpichler findet man u. a. im GrazMuseum*

015gr-dk

5 Schloßberg ★★★ [D2]

Von den Aussichtspunkten des wuchtigen Dolomitfelsens genießt man Graz aus der Vogelperspektive wie sonst nirgendwo im Stadtzentrum. Und wenn man schon hier oben ist, sollte man auf keinen Fall auf das Erinnerungsfoto mit dem Uhrturm verzichten. Dieser ist nämlich das augenscheinliche Wahrzeichen der Stadt.

Der 123 m hohe **Schloßberg** besteht aus massivem Dolomitgestein und schließt sich unmittelbar an das Stadtzentrum an. Er kann durchaus als eines der **Highlights von Graz** bezeichnet werden, befindet er sich doch hoch über dem Häusermeer und ist somit von fast überall deutlich zu erkennen. Man erreicht ihn vom Schloßbergplatz 3 aus zu Fuß über den **steilen Kriegssteig** entlang der bepflanzten Terrassen, per **Glaslift** inmitten des Bergs, mit der **Schloßbergbahn** oder von der südöstlichen Seite über die **Schloßbergstiege**, die ab dem Karmeliterplatz 7 in Serpentinen nach oben führt.

Praktisch von überall zu sehen – der Schloßberg mit den Überresten der Burg

Ein Besuch der luftigen Höhen lohnt sich in erster Linie wegen des **atemberaubenden Rundumblicks** auf Graz, die Mur und das umliegende Bergland, den man von drei Plateaus aus hat. Doch auch im **stadtgeschichtlichen Sinn** ist der Schloßberg interessant, denn hier stand die „kleine Burg" – auf Altslawisch und Slowenisch **Gradec** genannt – die der Stadt ihren Namen bescherte. Ab 1544 wurde sie nach den Plänen von **Domenico dell'Allio** (1515–1563) zu einer imposanten Bastion erweitert, die laut Guinness-Buch der Rekorde als stärkste Festung aller Zeiten gilt und an der sich nicht nur die Türken, sondern sogar noch Napoleon die Zähne ausbiss (s. S. 23), bis sie letztendlich 1809 geschleift wurde.

Lediglich der angesprochene 28 m hohe **Uhrturm** mit dem hölzernen Wehrgang oberhalb der römischen Ziffernblätter und der markante **Glockenturm** (auf dem Gipfelplateau), in dem

016gr-dk

die knapp fünf Tonnen schwere „Liesl" um 7, 12 und 19 Uhr schlägt, wurden von den Grazern freigekauft. Die Liesl wurde 1587 aus 101 türkischen Kanonenkugeln gegossen. Beim Uhrturm, der sich auf dem unteren Plateau befindet, wo der Lift ankommt, zeigt übrigens der kurze Zeiger die Minuten und der lange die Stunden an.

Neben dem Glockenturm erinnern die **Kasematten** (ehemalige Vorratskammern und Schlafsäle für Gefangene, die in riesigen Kellergewölben untergebracht waren) und die mit Efeu überzogene **Stallbastei** an die bewegten Zeiten der Festung. In den Kasematten wurde bereits 1937 die immer noch beliebteste **Freilichtbühne** der Stadt eröffnet.

Schlendern inmitten des **begrünten Areals**, Sonnenbaden auf den Aussichtsplattformen wie der **Kanonenbastei** auf dem Mittelplateau, wo vier Kanonen an die Stadtbelagerung erinnern, oder kontemplatives Verschnaufen, möglicherweise im **Chinesischen Pavillon** – der Schloßberg bietet eine willkommene Abwechslung zur wuseligen Innenstadt.

Im kulinarischen Sinne seien hier oben speziell das exklusive **aiola UPSTAIRS** (s. S. 72), für ein Glas Wein und eine kleine oder große Stärkung das **Starcke-Haus** (s. S. 73) und zum abendlichen Feiern die **SKYBAR** (s. S. 80) des Schloßberg-Restaurants wärmstens empfohlen. Weitblick ist bei allen dreien garantiert.

Jüngere Besucher finden möglicherweise an der **Märchenbahn** oder der **Schloßbergrutsche** im Innern des Bergs Gefallen. Die Schloßbergrutsche ist beeindruckende 175 m lang. Man rutscht mit einer Durchschnittsgeschwindigkeit von 25 km/h in ca. 40 Sekunden nach unten.

- Per Glaslift: Straßenbahn 4, 5 bis Haltestelle Schloßbergplatz/Murinsel, dann mit Glaslift, geöffnet tägl. 8–0.30 Uhr, Preis (einfache Fahrt): 2,20 €, ermäßigt 1,60 €, alternativ über den Treppenaufgang (kostenlos)
- Per Schloßbergbahn: Straßenbahn 4, 5 bis Haltestelle Schloßbergbahn, dann mit Schloßbergbahn, geöffnet So–Do 9–24 und Fr–Sa 9–2 Uhr, Stundenkarte 3 €, ermäßigt ab 1,50 €, ab 17 Uhr Berg- und Talfahrt ohne Zeitlimit 5,90 €, ermäßigt ab 3,10 €, Fahrtzeit: ca 3 Minuten, Abfahrt: alle 15 Minuten
- Per pedes, Bus 30 bis Haltestelle Karmeliterplatz, ab da zu Fuß über die Schloßbergstiege, alternativ Treppenaufgang ab Schloßbergplatz (s. S. 21)
- **Märchenbahn,** www.grazermaerchenbahn.at, tägl. 9.45–18 Uhr, jeden ersten Montag im Monat geschlossen, Fahrpreis 8,50 €, ermäßigt 6,50 €, Fahrtzeit 30 Minuten entlang 22 Stationen
- **Schloßbergrutsche,** tägl. 10–21 Uhr, 6 €, ab einer Körpergröße von 1,30 m, Zugang über den Schloßberglift

Die beste Möglichkeit, in Graz die Uhrzeit festzustellen – der Uhrturm

6 Sporgasse ★★ [D3]

Ob auf ein erfrischendes Eis, zum Shoppen in den zahlreichen Boutiquen oder ganz einfach, um das Flair der vielleicht schönsten Gasse der Stadt zu inhalieren: Die gerade mal 300 m lange, von prachtvollen Gebäuden gesäumte Sporgasse stellt ein absolutes „Must-see" dar und ist dabei die beliebteste Verbindung zwischen dem Hauptplatz 1 und dem sich östlich davon erstreckenden Gassengewirr der Altstadt.

Die **verkehrsberuhigte Sporgasse** schließt sich im Norden direkt an den Hauptplatz an und verläuft leicht bergauf in nordöstlicher Richtung, bis sie am großzügig angelegten Karmeliterplatz 7 endet. Sie bildet damit den Nachfolger eines Teils der schon von den Römern angelegten **Handelsstraße** *strata hungarica,* die das Murtal einst mit der Pannonischen Provinzhauptstadt *Savaria* (das heutige Szombathely in Westungarn) verband. Im Mittelalter befanden sich hier die Werkstätten der **Waffenschmiede** und **Sporenmacher,** woher die Gasse ihren Namen hat.

Die Grazer lieben sie einerseits wegen ihrer wirklich beachtlichen

Bis heute geheimnisvoll!

Der Schloßberg und die Entstehung der Stadt Graz sind eng miteinander verbunden und es gibt eine Vielzahl an Legenden und Sagen, die sich um die Verbindung von Stadt und Berg ranken. So zum Beispiel jene, die den Ursprung des Bergs zum Thema hat, wonach es der Teufel selbst gewesen sein soll, der mit den Grazern eine Abmachung traf, den 1445 m hohen Hausberg Schöckl nochmals zu erhöhen und im Gegenzug die Seele des ersten „Gipfelerklimmers" zu bekommen. Die Menschen ließen sich darauf ein und der Teufel flog aus, um einen riesigen Felsen zu besorgen. Als er ausgerechnet am Ostersonntag zurückkam, hielten die Menschen die Osterprozession ab und der Teufel hatte keine Macht über sie und so schmetterte er in seiner Wut den Felsen zu Boden. Dieser entzweite und der größere Teil bildete den Schloßberg 5, der kleinere den sog. Kalvarienberg 25.

Als historisch bewiesen gilt hingegen, dass sogar Napoleon Bonaparte auf seinem Feldzug durch Europa nicht in der Lage war, die Festung zu erobern, und sich die Grazer erst nach der Besetzung der Hauptstadt Wien durch französische Truppen 1809 ebenfalls ergeben mussten. Auf dem Schloßberg erinnert das Löwendenkmal an den letzten Verteidiger der Burg, den Major Franz Xaver Freiherr von Hackher (1764–1837), der hier oben über Monate mit einer Handvoll Soldaten ausharrte und der Belagerung standhielt.

Im Zweiten Weltkrieg kommandierte man Zwangsarbeiter dazu ab, ein 6,3 km langes Stollensystem innerhalb des Bergs zu errichten, das über 20 Eingänge und eine Gesamtfläche von rund 12.000 m² verfügte und einen Luftschutzbunker für bis zu 40.000 Menschen und zugleich eine Kommandozentrale darstellte. Diese Stollen sind bis heute zum Beispiel für den Glaslift oder die Märchengrottenbahn in Verwendung und es gibt auch einen Fußweg durch den Berg, der vom Schloßbergplatz 3 bis zur Paulustorgasse oberhalb des Karmeliterplatzes 7 führt.

Dichte an **Cafés** und **Eissalons**, allen voran Sax Eis (s. S. 77) und Eis Greissler (s. S. 76), aber auch wegen der vielen sehenswerten **Boutiquen** wie dem Steirischen Heimatwerk (s. S. 86), in dem es regionale Trachten und allerlei Kunsthandwerkliches gibt.

Doch auch **Architekturfans** „pilgern" in die Sporgasse, finden sich hier doch einige der eindrucksvollsten Palais der Stadt. Dazu gehören die Nr.12 als einziger Profanbau von Graz mit spätgotischer Fassade – besonders interessant sind hier die Pfostenfenster – und das ehemalige Gasthaus Zum römischen Kaiser (Nr. 13) mit dem auffälligen Korbbogensteinportal und der Fassade im Stil des Rokoko, in dessen Innerem ein netter Renaissancehof liegt.

017gr-dk

Etwas weiter oben erreicht man die unauffällige **Stiegenkirche** (Nr. 21a), die in ihrer ursprünglichen Form seit 1343 existiert und somit die älteste Pfarrkirche der Stadt ist. Ihr Inneres erreicht man über den auch von außen sichtbaren Stiegenaufgang. Schräg gegenüber, an der Ecke zur Hofgasse, befindet sich bei der Nr. 22 das im 15. und 16. Jahrhundert errichtete ehemalige **Ordenshaus des Deutschen Ritterordens,** dessen dreifaches Wappen noch auf der Fassade prangt. Besonders sehenswert ist hier speziell der beschauliche Innenhof samt Arkaden und seiner Pflasterung mit den für die Stadt so typischen „Murnockerln" – Flussgeröll aus der Mur.

Bereits am oberen Ende der Sporgasse (Nr. 25) befindet sich außerdem das prächtige **Palais Sarau Goëss,** das zwischen 1564 und 1566 erbaut wurde und für das eindrucksvolle Portal, den Arkadenhof und in allererster Linie für die Figur des den Säbel schwingenden Türken unter dem Dachvorsprung bekannt ist. Entgegen fälschlicher Annahmen erinnert die Figur – hier übrigens nur eine Kopie des im GrazMuseum (4) befindlichen Originals – nicht an die Türkenkriege, sondern stellt das Marktfreiungszeichen der Familie Sarau Goëss dar, die das Palais noch bis Ende des 20. Jahrhunderts in ihrem Besitz hatte. Vis-à-vis sollte man einen Blick auf das historische **Gasthaus Zur Goldenen Pastete** (Nr. 28) mit seinem auffallenden Runderker werfen, das bereits seit dem 16. Jahrhundert ebenda steht.

› Sporgasse, zu Fuß vom Hauptplatz zu erreichen, Haltestelle Hauptplatz, Straßenbahn 1, 3, 4, 5, 6, 7 oder ab dem Karmeliterplatz, Haltestelle Karmeliterplatz, Bus 30

7 Karmeliterplatz ★★ [E3]

An diesem großflächigen, rechteckigen Platz, den bis zu den josephinischen Reformen einst das Karmeliterkloster prägte, kommt man früher oder später sowieso vorbei, entweder auf dem Weg hinauf auf den Schloßberg 5 oder eben nach dem „Abstieg". Wie auch immer, eine kurze Pause – ob auf einen Kaffee oder einen Mittagssnack – macht hier garantiert Freude.

Direkt oberhalb der Sporgasse 6 schließt sich der beschauliche Karmeliterplatz an, der besonders an sonnigen Tagen zum Relaxen und Sonnenbaden auf den Holzliegen rund um den **modernen rechteckigen Brunnen** einlädt. Hier steht auch die **Dreifaltigkeitssäule**, die von Kaiser Leopold I. (1640–1705) zum Dank der überstandenen Pest gestiftet wurde und die ursprünglich ihren Platz an der Einmündung des Hauptplatzes 1 in die Sackstraße 3 hatte. Aufgrund der veränderten Verkehrssituation wurde sie letztendlich hierher verlegt. Am rechten Fuße der Säule erkennt man den **Pestheiligen Rochus von Montpellier** (1295–1327), begleitet von seinem getreuen Hund, der seinen selbst pestkranken Herren in dessen Einsiedelei versorgt haben soll. Der Legende nach überlebte Rochus seine Krankheit und wurde so zum Schutzheiligen der Pestkranken. Links von ihm steht der heilige Sebastian, der als Symbol notleidender Christen gilt.

In der angrenzenden Gastrobar **Stern** (s. S. 80) mit seiner gemütlichen Terrasse denkt dieser Tage freilich kaum noch jemand an die Pest, eher wird hier der Durst gestillt (die Getränkekarte ist wohl die umfangreichste der Stadt), immerhin führt schräg gegenüber durch das Durchhaus die **Schloßbergstiege** in steilen Serpentinen hinauf auf den Schloßberg 5. Wer sich mit Essen stärken möchte, der findet hier am Platz ebenfalls zahlreiche gute Adressen, speziell für leichte Mittagsgerichte.

Nördlich des Platzes führt die Paulustorgasse in ca. 200 m zum stattlichen **Paulustor**, einem stillen Zeugen der alten Stadtbefestigung, von der um das Tor noch Teile zu erkennen sind.

018gr-dk

Erinnert an die Pest – die Dreifaltigkeitssäule auf dem Karmeliterplatz

Wie heißt „Flaniermeile" auf Grazerisch? Sporgasse.

019gr-dk

Kaiser Franz I. wacht über den Freiheitsplatz, der erst nach dem Ende der Habsburgermonarchie zu diesem Namen kam

Auf der Südseite wird der häufig für Stadtfeste und Public Viewing genutzte Karmeliterplatz durch das 1690 errichtete **Palais Galler** dominiert, in dem heute die **Steirische Volkspartei** ihren Sitz hat und auf dessen klassizistischem Balkon die beflügelte Kuh im Grünton der Partei so manchen vorbeigehenden Passanten in ihren Bann zieht. Auf der anderen Seite befindet sich das **ehemalige Karmeliterkloster** mit seiner blauen Fassade und der gewaltigen Sonnenuhr von Wolfgang Buchner. Das Gebäude beherbergt heute das **Steiermärkische Landesarchiv**, zu dessen Lesesaal jeder Interessierte Zugang hat (Mo, Di, Do 9–15, Mi 9–18 und Fr 9–12 Uhr).

Die Bebauung an der Ostseite wurde nach dem Zweiten Weltkrieg abgerissen. Hier befinden sich aktuell ein Bürogebäude samt Parkhaus und das **Spielzeug- und Puppenmuseum** (s. S. 120). Östlich des Platzes schließt sich der Pfauengarten an, der wiederum durch einen **Stadtmauerrest** begrenzt ist, den man noch auf der Seite der nördlich verlaufenden Sauraugasse erkennen kann. Über die nach Süden verlaufende Hartiggasse erreicht man den Freiheitsplatz 8.

› Karmeliterplatz, Haltestelle Karmeliterplatz, Bus 30

8 Freiheitsplatz ★★ [E3]

Der 1824 auf Teilen des Burggartens (s. S. 92) angelegte Freiheitsplatz mit seinen Schatten spendenden Baumreihen ist ein erholsames Kleinod klassizistischer Architektur inmitten der Altstadt.

Kaum ein Ort in Graz strahlt gleichzeitig eine solche **Ruhe** und dabei so viel **Eleganz** aus wie der bekieste Freiheitsplatz, in dessen Mitte das **Denkmal für Kaiser Franz I.** (1769–1835) steht. Warum dieser, durch seine Vorliebe für Botanik auch „Blumenkaiser“ genannte, letzte Herrscher des Heiligen Römischen Reiches Deutscher Nation und von 1804 bis 1835 erster Kaiser von Österreich gerade auf diesem verhältnismäßig kahlen Platz steht, ist jedoch unklar. Als gesichert gilt hingegen, dass der ursprüngliche Franzensplatz 1918 in Freiheitsplatz **umbenannt** wurde, als man eben hier die Republik ausrief. Zwar fällt der Freiheitsplatz den meisten in Richtung Stadtkrone eilenden Besuchern nur am Rande auf, doch es lohnt sich, einen Moment innezuhalten und einen Blick auf die **Gebäude** zu werfen. Die Ostseite des Platzes bildet das **spätklassizistische Schauspielhaus** 9. Gegenüber befindet sich die **„Gastronomie-Zone"** des Platzes, bei der u. a. das Café Mitte (s. S. 73) mit seiner gemütlichen Terrasse zum Trinken, aber auch Essen – speziell wegen seiner thailändischen Spezialitäten – bei Jung und Alt beliebt ist.

An der Nordseite befindet sich das imposante **ehemalige Landständehaus** mit seiner säulenverzierten Hauptfassade und im Süden steht die **Alte Universität**, die mit dem **Priesterseminar** des Jesuitenkollegiums verbunden ist. Ab hier verläuft die **Hofgasse**, die in Richtung Westen schnurstracks wieder auf die Sporgasse 6 führt. Unbedingt betrachtenswert ist das Haus der **k. u. k. Hofbäckerei Edegger-Tax** (s. S. 89) mit seiner kunstvoll aus Nuss- und Eichenholz gearbeiteten Fassade und dem vergoldeten Doppeladler über dem Eingangstor.

› Freiheitsplatz, Haltestelle Schauspielhaus, Bus 30

9 Schauspielhaus ★★ [E3]

Was in Hamburg das Thalia Theater, in Paris die Comédie française und in Wien die Burg, das ist in Graz das Schauspielhaus. Ironie? Keineswegs, denn die 1776 eröffnete Bühne gehört nicht nur in Österreich zu den führenden ihrer Art, sondern kann durchaus als eines der namhaftesten Sprechtheater des deutschsprachigen Raums bezeichnet werden.

Ein Besuch dieses **Traditionshauses** zur abendlichen Vorstellung (Führungen durch die Räumlichkeiten finden auf Anfrage statt) sollte bei einem Grazbesuch nach Möglichkeit dazugehören, denn die hiesigen Inszenierungen sind auch über die Grenzen der Stadt bekannt und in der Regel **innovativ und unkonventionell.**

In seiner ursprünglichen Form, im maria-theresianischen Stil gebaut, wurde das landständische Theater an dieser Stelle am 9. September 1776 eröffnet – die **historische Bauinschriftstafel** ist noch an der Außenmauer des Gebäudes angebracht. An Weihnachten 1823 brannte es jedoch bis auf die Haupt- und Mittelmauern völlig aus. In Folge wurde es nach Plänen des Hofbaumeisters Peter von Nobile im spätklassizistischen Stil als **dreigeschossiges Gebäude** wiedererrichtet und 1825 am Geburtstag Kaiser Franz I. als Landestheater wiedereröffnet. In dieser Zeit spielte hier auch **Johann Nepomuk Nestroy** (1801–1862), der v. a. als Dramatiker und Meister des Alt-Wiener Volkstheaters galt, und er verbrachte sogar seine letzten Lebensjahre in Graz.

1887 wurde das Haus dann in „Stadttheater" und nach dem Ersten Weltkrieg letztendlich in **„Schauspielhaus"** umbenannt. An der Fassade sind die **gusseisernen Masken** der Komödie und Tragödie neben einer Lyra und die fünf schön gearbeiteten **Sandsteinreliefwappen** des Landeshauptmanns und einiger Grafen und Edler nicht zu übersehen.

Man betritt das Theater über die Hofgasse und erreicht über das Foyer den **eindrucksvollen Zuschauerraum** der Hauptbühne, der auf vier Stockwerken mit **prunkvollen Logen** im klassischen Rot und Gold umfasst ist. Insgesamt bietet die Hauptbühne ca. 550 Zuschauern Platz. Der Treppenaufgang ist mit Gemälden der österreichischen Maler Alfred Wickenburg (1885–1978) und Rudolf Szyszkowitz (1905–1976) ausgestattet.

Nicht zuletzt durch seine **zahlreichen Auszeichnungen** und **preisgekrönten Ensembles** ist das Schauspielhaus bei Einheimischen und Auswärtigen gleichermaßen beliebt. Tatsächlich sind die hier gezeigten Aufführungen, die sowohl klassische als auch zeitgenössische Stücke beinhalten, meist alles andere als traditionsreicher Konservatismus. Im Gegenteil, man neigt zu **modernen, durchaus mutigen Inszenierungen.**

Die Preise für einen Theaterbesuch (von Parterre bis zur Loge auf der Galerie) sind übrigens nicht zwangsläufig gesalzen. Je nach Vorstellung finden sich Tickets ab 2,50 €. Das Schauspielhaus verfügt neben der Hauptbühne auch über die Probebühne (ca. 100 Sitzplätze) und die sogenannte „Ebene 3" (ca. 50 Sitzplätze).

› Hofgasse 11, Haltestelle Schauspielhaus, Bus 30, Info: Tel. 0316 800844, Kasse: Tel. 0316 8000, https://schauspielhaus-graz.buehnen-graz.com

Grazer Stadtkrone

Der leicht erhöht gelegene Freiheitsplatz 8 bildet den Vorplatz der sog. Grazer Stadtkrone, also des eindrucksvollen Monumentalensembles der Stadt, bestehend u. a. aus der Burg 10, dem Dom 12 und dem Mausoleum für Kaiser Ferdinand II. 11 mit der angeschlossenen Katharinenkirche. Man erreicht dieses Gebiet über die Bürgergasse oder die parallel dazu laufende Burggasse.

10 Grazer Burg ★★ [E3]

Nein, Zinnen und Schießscharten darf man nicht erwarten, dennoch ist das spektakuläre gotische Bauwerk, von dem Teile bereits aus dem 15. Jahrhundert stammen, durchaus interessant, denn bis 1619 war es die Residenz der Habsburger, bis diese nach Wien umzogen. Heute ist die Hofburg u. a. der Amtssitz des steirischen Landeshauptmanns und beherbergt einige Abteilungen der Landesregierung. Allerdings sind nur die Burghöfe und die eindrucksvolle Doppelwendeltreppe ohne Sondergenehmigung zu besuchen.

020gr-dk

Aktuell ist nur noch ein Viertel des ehemals gigantischen Gebäudekomplexes erhalten und hinzu kommt, dass die Burg nur teilweise für die Öffentlichkeit zugänglich ist, doch auch so ahnt man noch ein bisschen, wie das einstige, ab 1438 durch **Herzog Friedrich V.**, den späteren römisch-deutschen Kaiser Friedrich III., errichtete Bauwerk ausgesehen haben muss.

Unter der Amtszeit **Maximilian I.** wurde Graz 1564 zum Amtssitz der innerösterreichischen Erzherzöge, die folglich in der immer wieder umgebauten und vergrößerten Burg residierten. Als der gebürtige Grazer **Erzherzog Ferdinand II.** 1619 zum Kaiser gekrönt wurde, das Habsburgerreich vereinte und am Zenit seiner Herrschaft nach Wien zog, verlor die Burg kurzerhand ihre Funktion. In den darauffolgenden Jahrhunderten fanden mehrere **Renovierungsarbeiten** statt, bis im 19. Jahrhundert ein Großteil wegen Baufälligkeit geschleift wurde.

Die verbleibenden Gebäudeteile lassen sich entsprechend ihrer Bauphasen in **mehrere Haupttrakte** einteilen, wenn auch Abschnitte davon relativ nichtssagende Neubauten sind. Folgt man ab dem Freiheitsplatz (8) der Hofgasse in östlicher Richtung, steht vor einem das **Burgtor**, durch das man in den Burggarten (s. S. 92) mit der erhöhten Orangerie gelangt. Linker Hand (Hofgasse 15) befindet sich kurz davor das **massive Eingangstor** in die Burg, beziehungsweise in den **ersten Hof**, der auf der Ostseite durch den 1570/1571 vom kaiserlichen Hofbaumeister Pietro Ferrabosco gebauten **Karlstrakt** mit seinem hohen Schopfwalmgiebeldach begrenzt wird. Gleich nach dem Eingang finden sich rechter Hand **Schautafeln**, die detailliert die Geschichte der Burg erläutern, und kurz dahinter erkennt man eine freigelegte **gotische Wandnische** mit den filigranen Malereien blühender Bäume.

Vor einem befindet sich die Stiege III, in der der steirische Landeshauptmann sein Büro hat, und links davon geht es zur wirklich einmaligen **Doppelwendeltreppe**, bei der sich zwei Treppenläufe elliptisch nach oben winden und dabei immer zwischen den Stockwerken zusammenlaufen. Gegenüber dem Eingang zu dieser wahrscheinlich **weltweit bedeutendsten gotischen Treppenkonstruktion** befindet sich der mit hebräischen Lettern versehene **Grabstein** des Kaufmanns **Rabbi Nissim** aus dem Jahr 1387, der vom mittlerweile verfüllten jüdischen Friedhof der Stadt stammen dürfte.

Richtung Norden erreicht man durch das kleine Tor, über dem – genau wie schon über dem Haupttor – **AEIOU**, das „Trademark" Friedrich III., prangt, den **zweiten Hof**. Was es mit AEIOU auf sich hat, ist übrigens bis heute Anlass zahlreicher Interpretationen von Historikern, doch wahrscheinlich ist, dass Friedrich damit einen **mystischen Gottesbezug** zum Ausdruck bringen wollte, immerhin taucht das Monogramm zum ersten Mal nach seiner Rückkehr aus dem Heiligen Land auf, wo er zum **Ritter des Heiligen Grabes** geschlagen wurde. Im zweiten Hof, der rechter Hand vom ältesten noch bestehenden Bauabschnitt der Burg, dem 1447 fertiggestellten **Friedrichstrakt**, dominiert wird, gelangt man nach links durch

Wie aus einer anderen Zeit – der Arkadengang der Burg mit dem angeschlossenen Garten

021gr-dk

den **Arkadengang** in den Garten, in dem **Büsten** berühmter Steirer wie des Architekten und Barockbaumeisters Johann Bernhard Fischer von Erlach (1656–1723), des Dichters Peter Rosegger (1843–1918) oder des Volksschauspielers und Humoristen Alexander Girardi (1850–1918) zu sehen sind. Man sollte hier auch den im Norden befindlichen, zwischen 1581 und 1585 erbauten, **langgestreckten Registraturtrakt** beachten, über den man nochmals ein Tor passierend einen dritten, relativ unspektakulären und vorrangig als Parkplatz genutzten Hof erreicht, der rechter Hand erneut in den **Burggarten** (s. S. 92) übergeht.

Viel mehr gibt es in der Burg bedauerlicherweise nicht zu sehen – so ist die eindrucksvolle **Kammerkapelle** im Friedrichstrakt bis dato nicht ohne Weiteres zugänglich – und folglich sollte selbst ein ausgedehnter Besuch der Burg kaum länger als 30 Minuten in Anspruch nehmen.

› Hofgasse 15, Haltestelle Schauspielhaus, Bus 30, geöffnet tägl. 7.30–20 Uhr, Eintritt frei

11 Mausoleum ★★★ [E4]

Ein Besuch des Mausoleums für Kaiser Ferdinand II. ist zweifellos ein außergewöhnliches Erlebnis und versetzt einen in eine vergangene Zeit. Wer vor dem Hauptportal auf der Westseite den Fotoapparat zückt, ahnt, warum man diesen Bau als das Juwel der Stadtkrone ansieht.

Wen das mit **türkisfarbenen Dachkuppeln** gedeckte Mausoleum an „Bella Italia“ erinnert, der hat den Nagel auf den Kopf getroffen, denn der in Graz geborene Kaiser Ferdinand II. (1578–1637) beauftragte seinen aus der Lombardei stammenden Hofkünstler **Giovanni Pietro de Pomis** (1569–1633) mit der Planung dieses beeindruckenden Grabmals. Zwar starb der dem Habsburgergeschlecht angehörende Ferdinand, der seit 1590 Erzherzog von Innerösterreich (so nannte man die Gebiete der heu-

Der herrschaftliche Aufgang zum Mausoleum von der Bürgergasse kommend

tigen Steiermark und Kärntens, Teile Sloweniens sowie die österreichischen Besitztümer an der Adriaküste) und ab 1619 dann Kaiser des Heiligen Römischen Reichs war, in Wien, doch es war sein ausdrücklicher Wille in **Graz begraben** zu sein.

De Pomis begann 1614 mit der Planung und Errichtung des Mausoleums, das noch heute zu den außergewöhnlichsten österreichischen Gebäuden seiner Zeit zählt. Nach seinem Tod führte Peter Valnegro die Arbeiten bis zur Vollendung 1714 fort. Architektonisch sind besonders die **ovale Kuppel** über dem Hauptgebäude und die Westfassade zu erwähnen, von der die **heilige Katharina von Alexandrien** zum gegenüberliegenden Jesuitenkollegium hinüberblickt.

Das im Stil des **Manierismus** – so nennt man die Übergangszeit von der Renaissance zum Barock – erbaute Mausoleum ist aber nicht nur von außen eindrucksvoll. Man betritt es über die zur Burggasse zeigende Ostseite und gelangt zunächst in das **Langhaus** des Gebäudekomplexes, die eindrucksvolle **Katharinenkirche**, in der man linker Hand den **Hochaltar** zu Ehren der **heiligen Katharina** sieht. Er wurde 1697 mit Holzfiguren von Marx Schokotnigg errichtet. Der sich seitlich davon befindende **Marienaltar** mit dem Altarblatt „Maria Immaculata" von Antonio Beluzzi stammt aus dem Jahr 1699.

Besonders interessant sind aber die reichen **Stukkaturen und Fresken** am Tonnengewölbe des Langhauses, für die der berühmte Baumeister des österreichischen Barock, **Johann Bernhard Fischer von Erlach** (1656–1723), verantwortlich zeichnete. In der Mitte erkennt man die Darstellung der **Befreiung Wiens** von den Türken im Jahre 1683. Dabei wird Kaiser Leopold I. als großer Sieger verherrlicht, wenn dieser auch eigentlich lange vor der Belagerung nach Passau geflüchtet war und es erst nach dem Abzug der türkischen Truppen wagte, die Stadt wieder zu betreten.

Schräg gegenüber dem Eingang befindet sich die elliptische, überwölbte **Grabkapelle** mit dem symbolischen Heiligen Grab Christi und der Darstellung Ferdinands II. als Verteidiger des katholischen Glaubens am Kuppelfuß. Begraben ist der Kaiser jedoch einen Stock tiefer im **Gruftraum**, wobei nur eine **Inschrift an der Wand** deutlich macht, wo sich sein Grab, das seiner ersten Gemahlin Anna von Bayern und das seines Sohnes Johann Karl befindet.

In dem auffallenden **Doppelsarkophag aus Rotmarmor**, den die vollplastischen Liegefiguren von Erzherzog Karl II. (1540–1590) und Maria von Bayern (1551–1608) – den El-

023gr-dk

Vor dem Mausoleum wacht der heilige Ägidius gleichermaßen über Gläubige und Touristen

022gr-dk

Einblick in die Grazer Vergangenheit – das Bauensemble der Stadtkrone

tern des Kaisers – schmücken, ruhen nur die **sterblichen Überreste** von Ferdinands Mutter, allerdings wurden diese erst 1783 hierher überführt.

Nach einer Besichtigung des Mausoleums sollte man es nicht verpassen, auf den **Glockenturm** hinaufzusteigen und den grandiosen Blick über die Stadt zu genießen.

› Burggasse 3, Haltestelle Schauspielhaus, Bus 30, https://graz-dom.graz-seckau.at, April–Dez. Di–So 9–17 Uhr, Eintritt frei. Wer das Mausoleum im Zuge einer Führung besuchen möchte (auch im Winter), sollte sich an das Diözesanmuseum (s. S. 64) wenden (Tel. 0316 8041890, Preis 7 €, erm. 2,50 €).

⑫ Grazer Dom ★★★ [E4]

Der Nabel von Graz – zumindest im spirituell-religiösen Sinn – ist der gewaltige Dom, eines der sehenswertesten Bauwerke der österreichischen Kirchenarchitektur. Dabei steht das relativ schlichte Äußere des Gebäudes im krassen Gegensatz zu seinem überladenen Inneren.

Die von den Grazern im Volksmund nur „Dom“ genannte, dem heiligen Ägidius geweihte Pfarrkirche präsentiert sich als **auffälligster Sakralbau der Inneren Stadt.** Gebaut wurde sie 1438, als Graz Kaiserstadt war, auf Befehl Kaiser **Friedrich III.** nach Plänen von Hans Niesenberger im spätgotischen Stil. Der Herrscher wollte hier in unmittelbarer Nähe zu seiner Residenz und der Burg ⑩ auch dem Klerus ein **symbolträchtiges Wahrzeichen** schaffen.

Als **Ordenskirche der Jesuiten** wurde das Gotteshaus in der Zeit der Gegenreformation (Ende des 17., Anfang des 18. Jahrhunderts) dann barock ausgestaltet, wovon die **Sakristei**, die **Kapellen** und die **Dachreiter** zeugen. Seit 1786 dient der Sakralbau gleichzeitig als Dom, **Kathedralkirche** und **Bischofssitz** der Diözese Graz-Seckau. Das heutzutage schlicht wirkende Äußere war ursprünglich prächtig bemalt, wovon das **Gottesplagenbild** von Thomas von Villach (wohl 1435–1529) an der Westseite noch ein gutes Zeugnis ablegt. Dieses weitgehend intakte **Fresko** erinnert an das Jahr 1480, in dem Graz von den Türken belagert wurde, mit einer Pestepidemie zu kämpfen hatte und zu allem Überfluss von einer Heuschreckenplage heimgesucht wurde. Ähnlich wie in einem Comic arrangierte der Maler die Dreifaltigkeit, Heilige und Engel in hierarchischer Ordnung und stellte sie den biblischen Gottesplagen gegenüber.

Man betritt den Dom über das **Nordtor** von der Hofgasse kommend und sollte dabei unbedingt einen Blick auf die **Seitenkapellen** und die herrlichen, massiv gearbeiteten **Pfeiler** werfen. Das Innere der als **Langhaus mit drei Schiffen** konzipierten Kirche zeichnet sich durch das Wechselspiel aus nüchterner **gotischer Architektur** und prunkvoll-verspielter **barocker Ausstattung** aus, z.B. in Form des vom Jesuitenpater Georg Kraxner aus Marmor gearbeiteten **Hochaltars** oder der geradezu kitschig überbordend anmutenden **Kanzel.** Zum Kostbarsten zählen jedoch die beiden aus Elfenbein gearbeiteten **Reliquienschreine** links und rechts des Eingangs zum Altarraum, in denen die Gebeine christlicher Märtyrer ruhen. Die Truhen gehörten der aus Mantua stammenden Paola Gonzaga, die sie bei ihrer Heirat 1477 mit Leonhard von Görz als Mitgift auf dessen Schloss Bruck bei Lienz in Osttirol mitbrachte. Da das Ehepaar kinderlos blieb, gelangten die Truhen letztlich über den Erbweg an die Jesuiten.

Aus der Zeit Friedrichs III. ist abgesehen von den **Fresken des heiligen Christophorus** nicht mehr viel übrig. (Die Figur mit dem Herzogshut trägt angeblich die Gesichtszüge des Kaisers selbst.) Nach eingehender Restaurierung in Wien ist das Gemälde **„Kreuzigung im Gedräng“** aus dem Jahre 1457 von Conrad Laib wieder zu besichtigen. Es befindet sich in der nur an bestimmten Tagen geöffneten **Friedrichskapelle** (separater Zugang ebenfalls an der Nordseite, nur im Rahmen einer Führung zu besuchen).

Wer den Dom sonntags zum **Gottesdienst** besuchen möchte, kommt sicherlich in den musikalischen Genuss der großen, auf der Westempore gelegenen **Orgel** mit ihren 5354 Pfeifen und 73 Registern, die 1978 erbaut wurde und unter der noch der Doppeladler der Habsburger hängt.

› Burggasse 3, Haltestelle Schauspielhaus, Bus 30, Mo, Mi–Fr 7–19.45, Di 11–19,45, Sa 6.15–19, So 7–18 Uhr (jedoch keine Besichtigung während der Gottesdienste), Eintritt frei (abgesehen von der Friedrichskapelle). Wer die Friedrichskapelle im Zuge einer Führung besuchen möchte, sollte sich an das Diözesanmuseum (s. S. 64) wenden (Tel. 0316 8041890, Preis 7 €, erm. 2,50 €).

⓭ Glockenspielplatz ★★ [E4]

Genug der Historie? Dann nichts wie dorthin, wo man zum Klang von Glockengeläut den leiblichen Genüssen frönen kann, denn das Gebiet um den Glockenspielplatz, den Mehlplatz und den Färberplatz ist wegen seiner ausgeprägten Lokaldichte bekannt und wird speziell freitag- und samstagabends stark frequentiert.

Verlässt man das Bau-Ensemble von Dom ⓬ und Mausoleum ⓫ bergab über die Bürgergasse, sollte man kurz bei Hausnummer 2 in das **Priesterseminar** (das ehemalige Jesuitenkolleg) gehen, denn hinter der relativ unspektakulären Fassade verbirgt sich der imposante, in rot und weiß gehaltene **Renaissancehof** mit seinen **massiven Arkaden.** Hier steht auch der aus Marmor gefertigte **Schneemann,** der speziell im Sommer fremd wirken mag und eine Art Metapher für die eigene Existenz im Spiegel der Zeit darstellen soll. Zurück auf der Bürgergasse biegt man wenige Meter weiter rechts in die **Abraham-a-Sancta-Clara-Gasse** ein, über die man den Glockenspielplatz erreicht.

024gr-dk

Dieser hat seinen Namen von dem **Glockenspiel,** das sich rechter Hand im Turm des 1806 erbauten **Bürgerhauses** befindet, auf dessen Fassade der Name des Spirituosenfabrikanten Gottfried Maurer steht. Jeweils um 11, 15 und 18 Uhr öffnen sich zwei Fensterflügel und ein hölzernes Trachtenpärchen fängt an, sich zum Klang der 24 Glocken zu drehen. Dies ist auch der Moment, in dem sich am Fuß des Gebäudes Trauben von Touristen versammeln.

Den Grazerinnen und Grazern sind der Glockenspielplatz, der sich anschließende Mehlplatz mit seiner Renaissance-Architektur – wobei hier speziell das hellblaue Palais Inzaghi erwähnt sei, in dem der Operettenkomponist Robert Stolz (1880–1975) zeitweise wohnte – und der dahinter liegende **Färberplatz** v. a. wegen des erstaunlichen Angebots an **Lokalen** bekannt. Zu den empfehlenswertesten gehören unter den steirischen Restaurants das rustikale **Glöckl Bräu** (s. S. 71) oder **Die Herzl Weinstube** (s. S. 71) mit ihren legendären Backhendln. Wer Pizza möchte, ist im **L'Osteria** (s. S. 74) bestens aufgehoben, Sushi-Liebhaber treffen sich im **Yamamoto** (s. S. 75). Darüber hinaus gibt es viele weitere Alternativen, den großen und kleinen Hunger zu stillen. Doch auch zum Flanieren kommt man her oder um die an warmen Tagen geradezu mediterran anmutende Atmosphäre z. B. bei einem Kaffee im **Café Schubert** (s. S. 76) oder einem Drink im **Glockenspiel** (s. S. 79) zu genießen. Ab dem späten Abend mutiert das tagsüber entspannte Areal dann zum **Nightlife Hotspot.** Es dürfte daran liegen, dass in den Lokalen oft Personen bis in die frühen Morgenstunden „verschollen bleiben" und sie danach über amnesieähnliche Zustände klagen, dass man das Viertel auch gern als **„Bermudadreieck"** bezeichnet.

› Glockenspielplatz, Haltestelle Palais Trauttmansdorff/Urania, Bus 30

Der Arkadenhof des Priesterseminars in der Bürgergasse (s. S. 33)

Südliches Zentrum

Die einkaufstechnische Hauptschlagader der Stadt ist zweifelsohne die großzügig angelegte Herrengasse⑭, die sich an den Hauptplatz❶ anschließt und die man vom Färber- und Mehlplatz auch über die Altstadtpassage (Herrengasse 7) und die enge Pomeranzengasse erreicht. Über die Herrengasse kommt man zum modern gestalteten Joanneumsviertel⑯ und auf dem Weg dorthin sollte man unbedingt dem Landhaus und dem dazugehörigen Landeszeughaus⑮ einen Besuch abstatten.

⑭ Herrengasse ★★★ [D4]

Die Stadtkrone mag der historische Mittelpunkt von Graz sein, wer aber wirkliches Großstadtflair erleben möchte, der sollte sich ab dem Hauptplatz❶ in südöstlicher Richtung auf die berühmteste Flaniermeile der Stadt, die mit prachtvollen Bürgerhäusern und allerlei Geschäften gesäumte Herrengasse, bewegen.

Diese architektonische Prunkzeile ist ohne Zweifel die **beliebteste Einkaufsstraße** in Graz. Sie beginnt am Hauptplatz und endet nach etwa 400 m Am Eisernen Tor. Auf der anderen Straßenseite schließt sich der zentrale Verkehrsknotenpunkt **Jakominiplatz⑰** an.

Die Herrengasse geht bereits auf die **Römerzeit** zurück, war sie doch Teil der aus Italien über die Adriaküste verlaufenden Handelsstraße in Richtung Vindobona, dem heutigen Wien. Ab dem Mittelalter wurden in der einst Bürgergasse genannten Prachtstraße dann stattliche **Bürgerhäuser** errichtet, von denen zahlreiche – wenn auch durch diverse Umbauten verändert – auch heute noch bestehen und dabei teilweise im verspielten Stil des **Barock und Rokoko** oder im eleganten Flair des 19. Jahrhunderts erstrahlen. Bedauerlich ist nur, dass so manches Gebäude durch die modernen Aufschriften und Leuchtreklamen der ebenerdig angesiedelten Geschäfte „verschandelt" ist. Zu den baulichen Highlights von Nordwesten nach Südosten zählt

025gr-dk

☒ *Nicht zu übersehen – die Stadtpfarrkirche zum Heiligen Blut (s. S. 36) in der Herrengasse*

zuallererst der **Herzogshof** (Nr. 3) – im Volksmund **„Gemaltes Haus"** genannt –, in dem zwischen 1360 und 1450 die Herzöge der Steiermark Lehen an ihre Untertanen vergaben. Seine aufwendige Fassadenbemalung stellt antike Götter und Reiterdarstellungen aus den Türkenkriegen dar und stammt in dieser Form aus dem Jahre 1742.

An der Ecke zur Stempfergasse steht das dreigeschossige **Stadtpalais Breuner** (Nr. 9), in dessen Hof sich die nette Weinbar Klapotetz (s. S. 80) befindet. Wenige Meter weiter steht das **Stubenbergsche Haus** (Nr. 13), in dem Napoleon Bonaparte 1797 einige Wochen sein Hauptquartier hatte und dessen Renaissance-Innenhof man nicht verpassen sollte. Das eindrucksvollste Gebäude ist aber ohne jeden Zweifel das **Landhaus**, welches das **Landeszeughaus** ⑮ und die **Graz Tourismus Information** (s. S. 116) beherbergt.

Ein paar Meter weiter befindet sich auf der anderen Straßenseite die **Stadtpfarrkirche zum Heiligen Blut**, die seit den 1950er-Jahren wegen der umstrittenen Fenstergestaltung im Chor weit über die Grenzen der Steiermark hinaus Kritik und Lob zugleich erntet. Auf den „skandalösen" Glasfenstern des aus Berlin stammenden Künstlers Albert Birkle (1900–1986) wird nämlich die Kreuzigung Christi dargestellt und unter den Peinigern erkennt man auch die Diktatoren Adolf Hitler und Benito Mussolini. Im Bereich der Kirche befand sich bis in die Mitte des 15. Jahrhunderts übrigens ein jüdisches Getto, das von hohen Mauern umgeben war.

Seit 1972 ist die Herrengasse eine **Fußgängerzone.** Doch Vorsicht: In der Straßenmitte verkehren in regelmäßigen Abständen die Straßenbahnlinien. Die Herrengasse stellt unweigerlich den Hauptanziehungspunkt für Shopper, Flaneure und nicht zuletzt all jene dar, die ein bisschen „echtes Grazer Leben" spüren wollen.

Zum Einkaufen bietet die Straße nicht nur internationalen Mainstream in Form von großen Modeketten, sondern auch hier und da ein paar erwähnenswerte Besonderheiten wie z. B. **Konrad & Fink** (s. S. 88), das Pralinen- und Bonbon-Eldorado **Ferdinand Haller** (s. S. 88) und die dreistöckige Buchhandlung **Moser/Morawa** (s. S. 87) an der Ecke zur Hans-Sachs-Gasse.

Auch für einen **koffeinlastigen Boxenstopp** oder zur lukullischen Stärkung findet man hier reichlich Angenehmes wie das **Café Sacher** (s. S. 76), wo es natürlich auch die berühmte Torte gibt!

In unmittelbarer Nähe wird ebenfalls reichlich Kaufens- und Schmeckenswertes geboten, so beispielsweise in der westlich der Herrengasse verlaufenden **Schmiedgasse**, in der der Landhaus-Keller (s. S. 71) für authentische **steirische Küche** sorgt.

Folgt man der Schmiedgasse in Richtung Süden und biegt nach links in die Stubenberggasse ein – hier verlief bis 1880 die **Stadtmauer** –, erreicht man den bereits erwähnten kleinen Platz **Am Eisernen Tor**, dessen Name an das ehemalige südliche Stadttor erinnert. Hier befinden sich ein mit Blumen umsäumter Springbrunnen samt reichlich Parkbänken zum Relaxen und die **Mariensäule**, die nach dem Sieg der Habsburger über die Türken in der Schlacht bei Mogersdorf im Jahre 1664 errichtet wurde.

› Herrengasse, Haltestellen Hauptplatz oder Jakominiplatz, Straßenbahn 1, 3, 4, 5, 6, 7

026gr-dk

15 Landhaus und Landeszeughaus ★★★ [D4]

Das Landhaus mit seinem grandiosen Arkadenhof im italienischen Stil ist nicht nur Sitz des Steiermärkischen Landtags, sondern beherbergt auch das Landeszeughaus. Gemäß dem Leitspruch „Weck den Ritter in dir!" begibt man sich in der Rüstkammer, die als die größte der Welt gilt, auf eine Zeitreise ins 16. Jh., als die Steirer ihre Heimat gegen die anrückenden Türken verteidigten.

Das Landhaus entstand ab 1557 als erster und zweifelsohne immer noch schönster **Renaissancebau** der Stadt. Es war der italienische Baumeister Domenico dell'Allio (1515–1563), der – geprägt durch den Stil der venezianischen Palazzi – dieses repräsentative Prunkgebäude für die Landstände der Steiermark errichtete, denn nicht zuletzt durch die Bedrohung durch die Türken waren regelmäßige Landtage notwendiger denn je. Beachtenswert ist, dass das Bauvorhaben vorrangig vom **protestantischen Adel** finanziert wurde, sozusagen als Gegenstück zur Burg 10 der katholischen Landesfürsten.

Außer der bereits beeindruckenden Fassade des Gebäudes sollte man auch auf keinen Fall den **imposanten Innenhof** mit seinen sich über drei Etagen erstreckenden Arkadengängen verpassen (der Besuch ist kostenlos), denn die zugleich luftige und doch monumentale Schönheit dieses Meisterwerks versetzt nicht nur Architektur-Aficionados in Staunen und Schwärmen. Bemerkenswert sind die bronzenen **Wasserspeier** an den Dächern, die manieristische Brunnenlaube und die kunstvollen Rundbogenfenster. Sicherlich fällt einem auch die **Statue des spähenden Fauns** auf, der in der Ecke kauert und förmlich darauf zu warten scheint, fotografiert zu werden. An den Einfahrten erinnern noch Tafeln aus dem 16. Jahrhundert daran, dass es untersagt ist, hier „zu rumoren, Schwert, Dolch oder Brotmesser zu zücken, sich zu balgen und zu

Architektur fast wie in Venedig – das Landhaus in der Herrengasse

schlagen“. Bleibt nur zu hoffen, dass sich auch die Abgeordneten des im Landhaus tagenden Landtags daran halten.

Auch die oberen Räume wie die **Landstube** mit ihrer aufwendig gestalteten Stuckdecke, der **Rittersaal** und die **Landhauskapelle** aus den Jahren 1630/1631 lohnen eine Stippvisite (nur im Rahmen einer Führung möglich) und wer die Möglichkeit hat, das Anwesen während einer Veranstaltung zu besuchen (im Innenhof finden häufig diverse Stadtfeste mitsamt Konzerten statt), der sollte dies unbedingt tun, nicht zuletzt wegen der interessanten Akustik.

Im südlichen Teil des Landhauses befindet sich das **Landeszeughaus** (ein Besuch ist kostenpflichtig), das man über das gesonderte Portal von der Herrengasse aus betritt. Markiert wird das Portal vom Steirischen Panther, der vom Kriegsgott Mars und Minerva, der Göttin des Krieges und der Künste, flankiert wird. Hier ist auch das Informationsbüro von **Graz Tourismus** (s. S. 116).

Auf vier Etagen beherbergt das Landeszeughaus unglaubliche **32.000 Exponate,** darunter v. a. Waffen und Kriegsgerät wie Lanzen, Schwerter, Dolche, Hellebarden und Feuerwaffen, aber auch Harnische, Schilder und Helme, die alle aus der Zeit vom späten 15. bis ins frühe 19. Jahrhundert stammen. Die hier gelagerte Ausrüstung war in erster Linie für die **Söldner des steirischen Landesaufgebots** bestimmt, die die damalige habsburgische Militärgrenze im heutigen Kroatien und Ungarn gegen die Türken verteidigten. Doch besonders die teilweise prunkvollen Rossharnische und kunstvoll verzierten Rüstungen zeugen auch von **adeligen Rittern.**

Das Landeszeughaus ist somit nicht zuletzt ein symbolträchtiges Zeitzeugnis steirischer Bravour. Als Kaiserin Maria Theresia (1717–1780) durch die schwindende „Türkengefahr“ das Arsenal 1749 kurzerhand nach Wien auslagern wollte, bestanden die Grazer darauf, es in der Stadt zu belassen und so entstand das Museum, das 1892 in das **Universalmuseum Joanneum** (s. S. 65) eingegliedert wurde.

Ein Besuch (Besuchszeit ca. 90 Minuten) des Landeszeughauses empfiehlt sich aber nicht ausschließlich für Fans von Waffen und Rüstungen, denn es gibt auch einen guten Einblick in eine Zeit, die von Kampfesgeist und Tapferkeit, aber auch unermesslichem Hass gegenüber Andersgläubigen geprägt war. Wer detaillierte Informationen möchte – Beschreibungen der Exponate gibt es nicht –, sollte an einer Führung teilnehmen oder das Museum per Audioguide (3 €) erkunden.

Verlässt man das Anwesen über die Landhausgasse, erreicht man nach kurzer Zeit das spannende Joanneumsviertel ⓰.

› Landhaus/Landeszeughaus, Herrengasse 16, Haltestelle Hauptplatz, Straßenbahn 1, 3, 4, 5, 6, 7, Tel. 0316 80179810, www.museum-joanneum.at/landeszeughaus, Anfang April bis einschl. Oktober: Di–So und feiertags 10–18 Uhr, Eintritt 11 €, ermäßigt ab 4,50 €, Anfang November bis Ende März nur im Rahmen einer Führung zugänglich: Di–So 11 und 14 Uhr auf Deutsch, 12.30 Uhr auf Englisch, Führung ab 3 € zusätzlich zum normalen Eintritt. Außerdem gibt es Kombitickets in Form der 24h- und 48h-Joanneumskarte, die auch in allen anderen Ausstellungshäusern des Universalmuseums Joanneum gelten (s. S. 65).

⑯ Joanneumsviertel ★★ [D5]

Reichlich Kunst oder Interessantes zur Geschichte der Natur, eine ausgewählte Lokalszene, Ausruhen auf Betonliegen oder abendliches Kulturprogramm – im architektonisch eindrucksvollen Joanneumsviertel wird einem wahrlich nicht langweilig!

Das Joanneum – vormals Lesliehof genannt – wurde 1665 bis 1674 als Stiftshof des Klosters St. Lamprecht durch Domenico Sciassia erbaut und ist seit 1811 Stammhaus des Landesmuseums Joanneum, das mittlerweile unter dem Namen **Universalmuseum Joanneum** firmiert. Bis ins Ende des 19. Jahrhunderts war es außerdem die Naturwissenschaftlich-Technische Lehranstalt bzw. Technische Hochschule der Stadt, in der unter anderem **Nikola Tesla** (1856–1943), der Erfinder des Wechselstroms, einige Zeit tätig war.

Seit dem Umbau in den 2010er-Jahren, bei dem die drei historischen Museums- und Bibliotheksbauten mit einem modernen Besucherentrée unterirdisch verbunden wurden, ist das Anwesen ein **multifunktionales Kulturzentrum.** Dazu gehören die Steiermärkische Landesbibliothek samt ihrer multimedialen Sammlungen und – für stadtfremde Besucherinnen und Besucher definitiv interessanter – die **Neue Galerie,** die sich der Kunst vom Biedermeier bis zur Gegenwart widmet, das **Naturkundemuseum,** das sich mit der Geschichte der Erde beschäftigt, sowie das **CoSA,** das sich vornehmlich an Kinder und Jugendliche wendet (s. S. 119). In den beiden erstgenannten Museen finden sich neben Dauerexponaten auch immer zeitlich begrenzte **Sonderausstellungen.** Angeschlossen an die Neue Galerie ist außerdem das sogenannte **Bruseum** mit Werken des 1938 geborenen Künstlers Günter Brus, der zu den radikalsten Vertretern des **Wiener Aktionismus** gezählt wird. Alle Ausstellungen gehören zum **Museums-**

⊡ *Coole Moderne vor historischer Kulisse – das Joanneumsviertel*

027gr-dk

verbund Universalmuseum Joanneum (s. S. 65).

Doch auch Museumsmuffel sollten einen Besuch des Joanneumsviertels nicht grundsätzlich ausschließen, denn auch **architektonisch** ist das Anwesen durchaus eindrucksvoll, setzt es doch seit dem Umbau einen modernen Akzent inmitten des Stadtzentrums.

Der großzügig angelegte Platz mit seinen **markanten Glaskegeln**, durch die Tageslicht in das **unterirdische Foyer** gelangt, lädt auf klobigen Kunststoffsitzmöbeln zum Verweilen ein und auch ansonsten bietet das „Viertel" **gastronomische Highlights** und ein **reiches Kulturangebot**, z. B. in Form von speziell in der warmen Jahreszeit stattfindenden Lesungen, einem Freilichtkino und Theateraufführungen.

› Joanneumsviertel, Zugang über Kalchberggasse, Neutorgasse oder Raubergasse, Haltestellen Hauptplatz, Straßenbahn 1, 3, 4, 5, 6, 7 oder Andreas-Hofer-Platz, Bus 67, www.museum-joanneum.at
› **CoSA**, Zugang Kalchberggasse, Tel. 0316 80179100, www.museum-joanneum.at/cosa-graz, Di–So 10–18 Uhr, Eintritt 17 €, ermäßigt 7 €
› **Neue Galerie Graz**, Zugang Kalchberggasse, Tel. 0316 80179100, www.museum-joanneum.at/neue-galerie-graz, Di–So 10–18 Uhr, Eintritt 11 €, ermäßigt 4,50 €
› **Naturkundemuseum**, Zugang Kalchberggasse, Tel. 0316 80179100, www.museum-joanneum.at/naturkunde museum, Di–So 10–18 Uhr, Eintritt 11 €, ermäßigt 4,50 €
› Es gibt für alle Ausstellungshäuser Familientickets und Kombitickets in Form der 24h- und der 48h-Joanneumskarte, die auch in allen anderen Ausstellungshäusern des Universalmuseums Joanneum gelten (s. S. 65).

17 Jakominiplatz ★ [E5]

Weniger eine Sehenswürdigkeit im klassischen Sinne als vielmehr ein **sinnvoller Zwischenstopp** auf der Erkundungstour von Graz, hat man hier an der Ringstraße Anbindung an **sämtliche Straßenbahnlinien** und an **10 Buslinien**, die in alle Himmelsrichtungen fahren. In der westlich des Platzes abgehenden Radetzkystraße befindet sich außerdem die Haltestelle des **Flughafen-Shuttlebusses** und somit ist für so manchen Grazbesucher der Jakominiplatz der erste und/oder letzte Eindruck von der Stadt.

Der Name des im Volksmund oft nur „Jackie" oder „Jako" genannten Platzes geht auf den Postmeister und Spekulanten Caspar Andreas Ritter (Edler) von Jacomini-Holzapfel-Waasen (1726–1805) zurück, der jahrelang im heutigen Slowenien tätig war und zahlreiche Grundstücke vor den Toren der Stadt besaß, darunter auch das Gebiet des aktuellen 6. Bezirks und eben das Stück Land hier südlich des Eisernen Tors. 1878 verband dann die **erste Pferdebahn** den Hauptbahnhof mit dem Jakominiplatz. Seitdem ist er **das Verkehrsdrehkreuz der Stadt.**

Erwähnenswert sind auch die stark frequentierten **Cafés** – allesamt mit anständigem Frühstücksangebot – an der Westseite des Platzes. In unmittelbarer Nähe finden sich zudem diverse **Imbissläden** und Filialen bekannter **Fastfoodketten.**

Kunst- und Antiquitätenfans sollten dem an der Ostseite des Platzes befindlichen **Versteigerungshaus Dorotheum** (s. S. 87) einen Besuch abstatten. Wer der kleinen Jakministraße mit ihren Boutiquen in Richtung Süden folgt, erreicht ein ruhiges, geradezu vor Normalität strotzendes Viertel, das – hält man sich auf der Grazbachgasse rechter Hand – schnurstracks zum erholsamen **Augarten** (s. S. 94) führt.

Der **Ruf** des Jakominiplatzes ist übrigens nicht der Beste. So mancher Grazer verbindet mit ihm gerade gegen Abend häufig **Drogenhandel und -konsum:** Ein Grund, weshalb es hier zu jeder Zeit ein erhöhtes **Polizeiaufgebot** gibt und das gesamte Areal per Video überwacht wird.

› Jakominiplatz, Haltestelle Jakominiplatz, Straßenbahn 1, 3, 4, 5, 6, 7 und Buslinien 30, 31, 32, 33, 34, 34E, 35, 39, 40 und 67E

18 Opernhaus Graz ★★ [F5]

Die Grazer Oper existiert seit über 120 Jahren und heimste in ihrer Geschichte schon viel internationalen Ruhm in Form von zahlreichen Preisen und Auszeichnungen ein.

Wer **Oper, Operette, Ballett, Musical,** aber auch **Konzerte** – auch das Grazer Philharmonische Orchester hat hier seine Heimstätte – mag, für den sollte ein Besuch in diesem Opernhaus definitiv zum Abendprogramm gehören.

Der **Prachtbau** am Scheitelpunkt zwischen Alt- und Neustadt wurde zwischen 1893 und 1899 nach Plänen des renommierten Architektenduos der K.-u.-k.-Monarchie **Ferdinand Fellner** und **Hermann Helmer** im neobarocken Stil errichtet. Eröffnet wurde das Haus am 16. September 1899 mit Schillers „Wilhelm Tell". Die erste hier gespielte Oper war dann am darauffolgenden Tag Richard Wagners „Lohengrin".

Bis zum heutigen Tag hat die Adresse Kaiser-Josef-Platz 10 ihren Ruf als **Wagner- und Richard-Strauss-Spielstätte** bewahrt, wenn auch selbstverständlich regelmäßig Stücke anderer Komponisten auf dem Programm stehen. Immerhin galt und gilt ein Erfolg auf der hiesigen Bühne als Sprungbrett für so manche Weltkarriere. So wirkten u. a. der Dirigent und spätere Direktor der Wiener Staatsoper Franz Schalk (1863–1931), der **Operettenkomponist Robert Stolz** (1880–1975) und natürlich der berühmte **Wagnerinterpret Karl Böhm** (1894–1981) über viele Jahre hier.

Übrigens wird das Opernhaus seit seiner Gründung fast durchgehend bespielt und hat nur im Zeitraum von 1983 bis 1985 eine umfangreiche Renovierung erfahren: Der opulente, im Stil des **Barock und Rokoko** ausgestattete, knapp 1.400 Plätze fassende **Zuschauerraum** ist definitiv ein Augenschmaus. Gegenüber der Rückseite des Gebäudes liegt der Kaiser-Josef-Platz, auf dem montag- bis samstagvormittags der schöne **Bauernmarkt** (s. S. 91) stattfindet.

› Kaiser-Josef-Platz 10, Haltestelle Kaiser-Josef-Platz/Oper, Straßenbahn 1, 7 und Buslinien 30, 31, 39, Tel. 0316 8008 (allgemein), Tel. 0316 8000 (für Kartenreservierungen), https://oper-graz.buehnen-graz.com, Führungen finden nur sporadisch statt (Infos unter https://oper-graz.buehnen-graz.com/produktion/fuehrung-durch-die-oper, Preis 7 €, erm. 3 €)

Wo Arien erklingen: das prachtvolle Opernhaus der Stadt

028gr-dk

Westlich der Mur

Überquert man die Mur nach Westen, gelangt man in die sog. Murvorstadt, die historisch gesehen das „Vorzimmer" der ummauerten Innenstadt war, wo das „normale Volk" ein meist bescheidenes Dasein fristete. Die hiesigen Häuser sind niedriger und weniger ansehnlich als die in der Altstadt und stammen noch aus der Zeit, als v. a. Schmiede, Gerber und andere Handwerker hier lebten, das Viertel aber auch durch seine vielen Wirts- und Freudenhäuser verrufen war. Für so manch betuchteren Grazer haben die beiden Stadtteile Gries und Lend immer noch etwas leicht Anrüchiges, auch wenn gerade im Bereich des modernen Kunsthauses 19 *und der darum liegenden Gegend sich heute durchaus das hippe In-Viertel der Stadt befindet.*

Das Kunsthaus Graz ist nicht nur architektonisch eindrucksvoll

19 Kunsthaus Graz ★★★ [C4]

Das wegen seines bauchigen, mit Noppen versehenen Antlitzes im Volksmund „Friendly Alien" oder „Blasen" genannte Kunsthaus kann getrost als eines der Highlights unter den Grazer Ausstellungshäusern genannt werden. Dies gilt sowohl wegen der hier stattfindenden Wechselausstellungen zu zeitgenössischer Kunst als auch wegen seiner außergewöhnlichen Architektur.

Als Graz im Rahmen des Kulturhauptstadtjahrs 2003 ein **repräsentatives neues Wahrzeichen** benötigte, beauftragte man die britischen Architekten Peter Cook und Colin Fournier mit der Planung und Ausführung dieses Museums für **zeitgenössische Kunst.** Dass das an ein Zwischending aus Wal und Ufo erinnernde futuristische Gebäude dabei nicht sofort jedermanns Liebling war – nicht zuletzt wegen der knapp 45 Millionen Euro Baukosten –, ist naheliegend, denn es sticht aus dem

092gr-dk

MEIN TIPP

Kunsthauscafé

Das großzügig gestaltete Café mit vorgelagerter Terrasse befindet sich dort, wo die Mariahilferstraße auf den Südtiroler Platz trifft. Hier gibt sich die In-Szene ein Stelldichein und man serviert neben einer reichen Auswahl an Getränken auch köstliche kleine Gerichte und ausgesprochen gute Burger.

1 [C4] **Kunsthauscafé,** Südtirolerplatz 2, Tel. 0316 714957, http://kunsthauscafe.co.at, Mo–Sa 9–24, So 9–20 Uhr

sonst so einheitlich historischen Stadtbild heraus wie ein Weintrinker beim Münchner Oktoberfest. Doch die aufwendige Stahlkonstruktion, über der **blaues Acrylglas** angebracht ist und die sich wie selbstverständlich an den eisernen, 1847 erbauten und denkmalgeschützten Vorgänger des Gebäudes anschmiegt, ist äußerst sehenswert.

Über dem Koloss thront ein lang gezogener **Pavillon** und in der blauen Glasfassade sind **930 ringförmige Leuchtstoffröhren** verteilt, die es ermöglichen, sie als zusätzliches Medium für Kunstprojekte zu nutzen. Im Inneren erwarten den Besucher **zwei großzügige Ausstellungsebenen** mit insgesamt 2500 m² Fläche, die durch ein 30 Meter langes mechanisches Laufband miteinander verbunden sind.

Anders als vergleichbare Museen verfügt das Kunsthaus, das Teil des Universalmuseums Joanneum (s. S. 65) ist, nicht über eine Sammlung mit Dauerausstellung, sondern setzt auf jeweils **zeitlich begrenzte Programme** mit Ausstellungen zu zeitgenössischer Kunst der letzten fünf Jahrzehnte und praktisch aller Sparten (darunter auch immer viel Fotografie). Nicht zuletzt aufgrund des **internationalen Renommees** des Hauses – gehört es doch zu einem der besten seiner Art in ganz Europa – sollte ein Besuch definitiv ins Auge gefasst werden (Besuchszeit je nach Umfang der Ausstellung bis zu ca. zwei Stunden). Interessant ist im Übrigen auch der **Museumsshop** (s. S. 88) mit reichlich Originellem. Für eine gastronomische Pause bietet sich das Kunsthauscafé an.

› Lendkai 1, Haltestelle Südtiroler Platz/Kunsthaus, Straßenbahn 1, 3, 6, 7, Tel. 0316 80179200, www.museum-joanneum.at/kunsthaus-graz, Di–So 10–18, Eintritt 11 €, ermäßigt ab 4,50 €, Kombitickets in Form der 24h- und 48h-Joanneumskarte, die auch in allen anderen Ausstellungshäusern der Universalmuseum Joanneum gelten (s. S. 65)

20 Mariahilferplatz ★ [C3]

Verlässt man das Kunsthaus auf der verkehrsberuhigten Mariahilferstraße in Richtung Norden, erreicht man nach wenigen Minuten den großzügig angelegten, zur Mur hin offenen Mariahilferplatz. Dieses vormals häufig von Überschwemmungen heimgesuchte Gebiet war einst **Anlegestelle.** Daher stammt auch der Name des örtlichen Bezirks: „Lend“ hat seinen Ursprung im „Anlenden“, also dem Anlegen der Flößer, die die Stadt bis zum Bau der Eisenbahn im ausgehenden 19. Jahrhundert mit allem Notwendigen versorgten.

Vom Mariahilferplatz hat man einen schönen Blick auf das gegenüberliegende Ufer und den darüber thronenden Schloßberg 5 und wer

MEIN TIPP

Selbst Cäsar hätte seinen Spaß

Folgt man der Mariahilferstraße vom Mariahilferplatz in Richtung Norden, kommt man linker Hand an dem besonders unter jüngeren Grazerinnen und Grazern beliebten Lokal Brot & Spiele vorbei. Hier gibt es eine reiche Auswahl an Biersorten, gutes Essen zu vernünftigen Preisen – Burger und Steak stehen oben auf der Beliebtheitsskala – und ein breites Angebot an Spiel und Spaß in Form von Billard, Dart, Schach, Go, Backgammon u. v. m. Ideal, um einen ruhigen Sonntagnachmittag ganz beschaulich zu verbringen.

2 [C3] **Brot & Spiele** €-€€, Mariahilferstraße 17, Tel. 0316 715 081, www.brot-spiele.com, Mo–Fr 10–2, Sa, So 12–2 Uhr

möchte, kann der zweitürmigen **Mariahilfkirche** einen Besuch abstatten.

Das als Wallfahrts- und Pfarrkirche fungierende barocke Gotteshaus, an das auch das Minoritenkonvent angeschlossen ist, wurde 1611 nach venezianischen Vorbildern von **Giovanni Pietro de Pomis** (1569–1633), einem Schüler Jacopo Tintorettos, erbaut. Der in Graz verstorbene de Pomis – von ihm stammt auch das **Gnadenbild Mariahilf am Hochaltar** in der Mariahilfkirche – zeichnet auch für die Planung des Mausoleums 11 für Kaiser Ferdinand II. verantwortlich. Sein eigenes Grab befindet sich in der Nähe der Seitenkapelle der Kirche, wo auch Mitglieder der adeligen **Familie Eggenberg** ihre letzte Ruhestätte haben. Beim Verlassen der Kirche sollte man einen Blick auf deren Wappen mit den drei Raben auf dem äußeren Hauptportal werfen.

Vom Mariahilferplatz aus hat man die Qual der Wahl zwischen einem erholsamen Spaziergang entlang der **Mur-Promenade** auf der gegenüberliegenden Flussseite – ab hier über den Erich-Edegger-Steg zu erreichen – oder der Fortsetzung der Murvorstadtbesichtigung in Richtung Lendplatz 22. Zuallererst sollte man jedoch der **Murinsel** 21 ein paar Minuten schenken!

› Mariahilferplatz, Haltestelle Südtiroler Platz/Kunsthaus, Straßenbahn 1, 3, 6, 7

21 Murinsel ★★ [C3]

Bloß keine Angst! Es handelt sich bei dem muschelförmigen Etwas aus massivem Stahl inmitten der Mur nicht um ein soeben gelandetes außerirdisches Raumschiff. Vielmehr ist die schwimmende Plattform ein durchaus gewagtes Kunstobjekt im öffentlichen Raum.

Ähnlich wie das Kunsthaus 19 wurde auch die Murinsel für das Kulturhauptstadtjahr 2003 als innovatives Projekt hier inmitten der Stadt gebaut. Dabei spielte für den New Yorker Künstler und Designer Vito Acconci speziell die Mur als **Grundelement** eine wichtige Rolle, die sozusagen als „natürlicher Träger“ des Objekts fungiert.

Die „Insel“ ist von beiden Murufern über **Stege** erreichbar und liegt flussaufwärts des Edegger-Stegs (von dem aus sie perfekt fotografiert werden kann), der sich praktisch direkt an den Mariahilferplatz 20 anschließt. Architektonisch erinnert sie an eine **überdimensionale Muschel,** die in der Länge 50 m und in der Breite 20 m misst. Man kann sie rund um

Historie trifft Moderne – die Murinsel zu Füßen des Schloßbergs

die Uhr besuchen. Auf ihr befinden sich ein Café, ein Spielplatz und ein für rund 350 Besucher konzipiertes Atrium mit Bühne, in dem häufig **kulturelle Veranstaltungen** stattfinden.

Ganz unproblematisch ist die Konstruktion allerdings noch nie gewesen, immerhin verfügt die Mur nicht selten über eine **reißende Strömung** und entsprechend muss die Insel besonders an der Nordseite immer wieder gegen **Treibgut** verstärkt werden. Auch das häufig auftretende **Hochwasser** führt ab und an zu Sperrungen, selbst wenn die Konstruktion je nach Strömungslage ihre Position verändern kann. Folglich werden immer wieder Stimmen laut, die fordern, die Murinsel abzubauen – doch bis dato ist die wasser- und schifffahrtsrechtliche Bewilligung bis 2033 erteilt.

› Murinsel, Haltestelle Südtiroler Platz/Kunsthaus, Straßenbahn 1, 3, 6, 7 oder Schloßbergplatz/Murinsel, Straßenbahn 4, 5

22 Lendplatz ★ [B3]

Genug von Barock und Renaissance? Wer auf der Suche nach dem „normalen Graz“ jenseits der historischen Stadtpalais und Kirchen ist, der sollte sich in das hippe Viertel um den Lendplatz aufmachen.

Die Gründung des sackförmig gestreckten Lendplatzes geht vermutlich auf das Jahr 1700 zurück und es war wohl kurz darauf, dass sich hier ein **Markt** ansiedelte, der in seinen Anfängen auf Kraut und Holzkohle spezialisiert war. Heutzutage bieten hier jeden Montag bis Samstag **Bauern aus der nahen Region** zwischen 6 und 13 Uhr alle erdenklichen Waren an und so ist ein Besuch des Lendplatzes, ob zum Einkaufen oder einfach, um zwischen den üppig gefüllten Ständen zu schlendern, eine Wohltat. Hier taucht man in das Alltagsleben der Grazer ein und wen der Hunger plagt, der findet in der zentralen **kleinen Markthalle** nette Restau-

093gr-dk

rants, Cafés und Imbissstände, von denen die meisten an warmen Tagen das Geschäft auch auf Gastgärten ausweiten.

Doch auch die umliegende, tagsüber etwas **verschlafen wirkende Gegend**, speziell entlang der nach Süden verlaufenden Mariahilferstraße und in den angrenzenden Stocker- und Josefigasse, verdienen ein bisschen Aufmerksamkeit, denn sie zählen mittlerweile zu den Lieblingsorten der **jungen Künstler und Bohemiens.** Folglich ist die Dichte an alternativen Ateliers, ausgefallenen Shops, trendigen Friseursalons und ausgeflippten Lokalen wie dem Bakaliko (s. S. 73) oder der Scherbe (s. S. 79) für eine kleine Stadt wie Graz durchaus beachtlich.

Es überrascht daher nicht, dass das **Nightlife-Geschehen** hier nicht zu verachten ist, auch wenn es eben ganz gewollt nicht „mainstreamig" zugeht. Dies gilt auch für das sog. **Annenviertel**, das sich südlich dieser Gegend zwischen Volksgarten (s. S. 94) und Keplerstraße im Norden und Rösselmühlgasse bzw. Brückenkopfgasse und Griesplatz im Süden erstreckt. Dank einer Bürgerinitiative, deren Anliegen es ist, die Nachbarschaft und das urbane Zusammenleben in Vielfalt zu verbessern, wurde der Begriff „Annenviertel" zum Sinnbild für das „andere", ja vielleicht sogar authentische Graz **jenseits der Bilderbuchromantik.** Infos finden sich unter http://annenviertel.at/ und bei rotor (s. S. 88).

› Lendplatz, Haltestelle Landplatz, Buslinien 40, 58 (E), 63, 67 (E)

⊡ *„Tempel des Wissens" – die Karl-Franzens-Universität*

Außerhalb der Innenstadt

23 Universitätsviertel ★★ [G1]

Etwa ein Fünftel der Grazerinnen und Grazer sind Studierende und es macht durchaus Sinn, zu einem Spaziergang durch das Universitätsviertel der Stadt aufzubrechen, denn hier ist in puncto Gastronomie, Nightlife, aber auch sonst so manches los.

Das Universitätsviertel liegt östlich des Stadtparks (s. S. 94) und erstreckt sich zwischen der Heinrichstraße im Norden und der Elisabethstraße im Süden. Eine Begehung sollte man in der belebten **Zinzendorfgasse** beginnen, die von zahlreichen **Cafés und Lokalen** wie dem netten Propeller (s. S. 47) mit seinem gemütlichen Innenhof gesäumt ist. Hier steht auch die **Leechkirche**, die als älteste römisch-katholische Kirche der Stadt gilt (erbaut etwa 1000 n. Chr.) und die auf einem **keltischen Grabhügel** errichtet wurde, dessen Überreste noch ab und zu (z. B. bei der „Langen Nacht der Kirchen", s. S. 97) besichtigt werden können. In der Gegend rund um die Kirche und auch gen Süden sowie in der parallel verlaufenden Elisabethstraße befindet sich das **Epizentrum des Grazer Nightlifes**, dessen Bars und Clubs sich an eine Klientel von v. a. 20- bis 30-Jährigen wenden.

Verlässt man die Zinzendorfgasse nach links auf die Halbärthgasse, erreicht man nach wenigen Metern den **Universitätsplatz**, an dem das **Hauptgebäude der Karl-Franzens-Universität** (eine der acht höheren Bildungseinrichtungen der Stadt) im Neorenaissance-Stil steht. Gegründet wurde sie im Jahre 1585, doch

031gr-dk

auf diesem Campus befindet sie sich seit Ende des 19. Jahrhunderts. Ihren Namen verdankt sie **Kaiser Franz I.** (1768–1835) und **Erzherzog Karl II.** (1540–1590), die beide von der Fassade gleichermaßen Professoren und Studierende grüßen. Auf dem Dachfirst befinden sich außerdem Figuren großer Gelehrter, darunter Aristoteles, Gottfried Wilhelm Leibniz, Isaac Newton, Immanuel Kant und Leonardo da Vinci.

Im Hauptgebäude kann man die imposante **Universitätsbibliothek** mit ihrer eindrucksvollen Sammlung an Büchern und Handschriften und das **Hans Gross Kriminalmuseum** (s. S. 64) sowie das **UniGraz@Museum** (s. S. 67) besuchen und an schönen Tagen bietet sich eine Ruhepause im **umliegenden Parkareal** an.

Südlich der Universität sollte man der Schubertstraße in nordöstlicher Richtung bis zum sehenswerten **Botanischen Garten** (s. S. 92) mit seinen futuristischen Gewächshäusern folgen und dabei auf dem Weg nicht die hier befindlichen herrschaftlichen Wohnhäuser übersehen. Die Schubertstraße endet am besinnlichen **Hilmteich** mit seinem weitläufigen Park (s. S. 92), von dem man zu einer Wanderung auf dem ausgeschilderten **Roseggerweg** (Länge 5,5 km, Gehzeit ca. zwei Stunden) bis zur gewaltigen **Basilika Mariatrost** 24 aufbrechen kann.

› Zinzendorfgasse, Haltestelle Zinzendorfgasse, Buslinien 31, 39 oder Hilmteich, Haltestelle Hilmteich/Botanischer Garten Straßenbahn 1

MEIN TIPP

Regional genial

Wirklich großartig isst man im Universitätsviertel im Propeller, einem Allround-Lokal mit umfangreicher Speisekarte. Die regionalen Köstlichkeiten sind ebenso empfehlenswert wie die Burger – kein Wunder, denn sämtliche Zutaten kommen aus der näheren Umgebung. Besonders schön sitzt man im begrünten Gastgarten im Innenhof des Lokals.

3 [F2] **Propeller** €-€€, Zinzendorfgasse 17, Tel. 0316 225053, www.diebausatzlokale.at/propeller, tägl. 11–1 Uhr

24 Basilika Mariatrost ★★ [ef]

Die meist nur Mariatrost genannte Basilika ist einer der bedeutendsten Wallfahrtsorte der Steiermark und einer der eindrucksvollsten Sakralbauten der Stadt. Sie wurde zu Ehren der heiligen Jungfrau Maria gebaut und der in ihr aufbewahrten Marienstatue werden zahlreiche Wunder nachgesagt.

Es war im Jahre 1714, dass man sich entschied, auf dem 469 m hohen **Purberg** im Nordosten der Stadt einen **Wallfahrtsort** zu errichten und in Folge den Grundstein für das Gotteshaus samt angeschlossenem Kloster legte. Die 61 m hohe **doppeltürmige Basilika** in der Hochform des **Kaiserbarocks** wurde von Andreas Stengg unter Mithilfe seines Sohns Johann Georg im Rohbau 1724 vollendet, doch es sollten noch 55 weitere Jahre bis zur vollständigen Fertigstellung vergehen.

In den Anfängen wurde Mariatrost vom Paulinerorden betrieben, bis dieser im Zuge der **josephinischen Reformen** das Anwesen verlassen musste und es bis 1846 nicht mehr als Kloster- und Wallfahrtskirche, sondern als Pfarrkirche betrieben wurde. Der Klerus wurde sogar verpflichtet, die Klostertrakte an Privatleute zu verkaufen und somit wurden diese zeitweise in Stallungen umgewandelt. Von 1846 bis 1996 übernahmen dann die **Franziskaner** die Kirche und machten sie erneut zum **Wallfahrtsort**, was sie auch heute noch – mittlerweile als Pfarre der Diözese Graz-Seckau – ist und dabei **Pilger** aus ganz Österreich und den Nachbarstaaten wie Slowenien und Ungarn, aber auch Kroatien anzieht.

Das **prachtvolle Intérieur** im Barockstil weist als eine der Hauptattraktionen die aufwendigen **Fresken** von Lukas von Schram und Johann Baptist Scheidt am Deckengewölbe, in der Kuppel und an den Seitenwänden auf, die in den Jahren 1733 bis 1754 entstanden sind. Auch hier huldigt man in einer Darstellung der Befreiung Wiens von den Türken, wobei Kaiser Leopold I. samt seiner Feldherrenriege ehrfurchtsvoll gen Himmel blickt. Das Herzstück der Basilika ist aber der überbordend gestaltete **Hochaltar** mit der spätgotischen **Marienstatue**, die bereits 1465 gefertigt wurde und die ursprünglich das Stift Rein 30 ihr Zuhause nannte. Über ihr erkennt man die Inschrift „solatium vitae nostrae" („Trost unseres Lebens"), die von vergoldeten Engeln getragen wird. Beachten sollte man ebenso die kunstvoll gestaltete **Kanzel** und das **Orgelgehäuse**, auf dem man die heilige Cäcilia und König David erkennt. Kurzum: Ein Besuch der Basilika Mariatrost bietet auch im kirchenreichen Graz durchaus einen **Höhepunkt**, gehört sie

032gr-dk

◁ *Spiritualität im Grünen? Auf zur Basilika Mariatrost!*

doch zu den **schönsten Gotteshäusern Österreichs** und stellt durch ihre Lage inmitten des ländlich anmutenden Stadtteils Mariatrost – man „erklimmt" sie über die Angelus-Stiege mit 216 Stufen – auch einen reizvollen Ausflug ins Umland dar. Am besten erreicht man die Basilika mit der Straßenbahnlinie 1 bis zur Endstation (Mariatrost) – hier befindet sich auch das kleine **Tramway Museum** (s. S. 67) –, von wo es noch ein etwa **15-minütiger Fußweg** bis hinauf zur Kirche ist.

› Mariatrost, Haltestelle Mariatrost, Straßenbahn 1, tägl. 7–19 Uhr, Tel. 0316 391145, https://mariatrost.graz-seckau.at

25 Kalvarienberg ★ [bg]

Willkommen an einem der vielleicht magischsten Orte der Stadt, nämlich dem an den Ölberg erinnernden Kalvarienberg, der bis zum Ende des 18. Jahrhunderts das Wallfahrtszentrum des einfachen Volkes darstellte.

Während der Grazer Schloßberg 5 zum obligatorischen Pflichtprogramm eines Stadtbesuchs gehört, ist die zweite Erhebung, der grüne Schieferfelsen namens **Austein**, eigentlich nur wenigen bekannt. Doch das war nicht immer so. Die ab Ende des 16. Jahrhunderts nach der Gegenreformation wieder **tief katholische Grazer Bevölkerung** fand heraus, dass die Strecke von der Altstadt zu diesem Hügel unweit der Mur in etwa der Länge der **Via Dolorosa** in Jerusalem entspricht und er überhaupt sehr dem Felsen Golgota, der „Schädelhöhe" (auf Latein „calvariae locus"), auf dem Jesus gekreuzigt wurde, ähnelte. So entschied man sich 1620 im Rahmen einer Bürgerbruderschaft, hier einen **Kalvarienberg**, also ein religiöses Denkmal, das

MEIN TIPP

Echtes Bergfeeling

Kurz hinter Mariatrost 24 beginnt das hügelige Umland der Stadt, das wenige Kilometer weiter zur grandios pittoresken Bergwelt heranwächst. Der eindrucksvollste Gipfel in unmittelbarer Nähe zur steirischen Landeshauptstadt ist der 1445 m hohe **Schöckl.** Ausgangspunkt für seine Erklimmung ist das nicht mal 20 km von der Grazer Stadtgrenze entfernte **St. Radegund,** ein einst ehrwürdiger Kurort am Fuß des Bergs, von dem mehrere ausgeschilderte Wanderwege (Dauer für den Aufstieg: ab 1½ Stunden) auf das hochgelegene Plateau führen. Alternativ gelangt man ab der Talstation in 10 bis 15 Minuten mit der **Seilbahn** hier hinauf, wo das Gipfelkreuz und die riesige Sendeantenne stehen und auch immer wieder Kühe weiden.

Der Schöckl ist als **Hausberg** nicht nur bei Grazerinnen und Grazern ein beliebtes Ausflugsziel, auch von nah und fern kommen Besucher zwischen Frühling und Herbst hier herauf, um sich **sportlich zu betätigen** – Wandern, Paragliding und Mountainbiking gehören zu den beliebtesten Disziplinen – oder um in den **Lokalen** zu rasten und dabei ganz nebenbei den atemberaubenden Ausblick zu genießen.

Es gibt außerdem einen **barrierefreien Rundwanderweg** und auch **Kinder** werden den Schöckl lieben, befinden sich doch auch Spielplätze, ein Disc-Golf-Parcours und sogar eine **Sommerrodelbahn** auf dem Gipfel.

•4 **Seilbahn-Talstation St. Radegund,** Schöcklstraße 23, Haltestelle Seilbahn, Buslinie 250, ab/bis Andreas-Hofer-Platz, Seilbahnbetrieb Nov.–Febr. tägl. 9–16.30 Uhr, März–Okt. tägl. 9–17 Uhr, Fahrpreis (Berg- und Talfahrt) 16,90 €, ermäßigt 7,50 €, Tel. 03132 2332, www.holding-graz.at/de/schoeckl-seilbahn

033gr-dk

Der Kalvarienberg im Nordwesten

die Passion Christi darstellt, mit angeschlossenem **Kreuzweg für Wallfahrten und Prozessionen** zu errichten. In den folgenden zwei Jahrhunderten hatte der Ort für das fromme Volk etwas Sakrales, an dem zahlreiche Wunder geschehen sein sollen. Die Pilger wurden folglich immer zahlreicher, sodass Maria Theresia 1751 ein Verbotsgesetz wegen der **öffentlichen Zurschaustellungen religiösen Eifers** erließ. Ihr Sohn Kaiser Joseph II. ging dann sogar noch einen Schritt weiter und verbot das Mittragen von Figuren und Statuen bei Prozessionen, wodurch die Tradition des Passionskults endete. Doch bis heute hat es – ob man nun religiös ist oder nicht – wahrlich etwas Erhabenes, von hier oben **über die Dächer** der Stadt zu blicken. Zwar finden mittlerweile kaum noch **zeremonielle Ereignisse** statt (sieht man von jenen während der Fastenzeit ab) und auch der aus der Innenstadt kommende Kreuzweg besteht nur noch ansatzweise, doch auf dem felsigen Gipfel stehen immer noch **drei gewaltige Kreuze** und am Fuß des Bergs befindet sich die **hochbarocke Kalvarienbergkirche zum Heiligen Kreuz** mit Heiliger Stiege und einer sog. **Ecce-Homo-Bühne.** Auf dieser stellen lebensgroße Figuren Szenen des Johannesevangeliums nach, die die Leiden Christi zeigen sollen.

› Kalvarienberg, Haltestellen Kalvarienweg oder Schippingerstraße, Buslinie 67 (E)

26 Burgruine Gösting ★★ [af]

Wo früher Ritter die Handelsstraße bewachten, hat man heute einen grandiosen 360°-Blick über das Grazer Becken und das angrenzende Bergland. Der relativ kurze, wenn auch teils steile Anstieg stellt eine angenehme Alternative zum Sightseeing in der wuseligen Innenstadt dar.

Im äußersten Nordwesten der Stadt, inmitten des 13. Stadtbezirks Gösting, thront die gleichnamige **Burgruine** auf 567 m Höhe und somit gute 200 m über dem Hauptplatz 1 von Graz. Man muss keinen Doktortitel in Militärkunde haben, um zu erkennen, dass die **Lage auf einem schmalen Grat** unterhalb des Steinkogels (742 m Höhe) geradezu perfekt ist, um das darunter liegende Tal und das ganze Grazer Becken zu kontrollieren. Und dies war eben auch der Grund für die Errichtung der Burg Anfang des **11. Jh.** unter dem Markgrafen Gottfried aus dem Geschlecht der Wels-Lambacher, der das Land von Kaiser Heinrich III. geschenkt bekommen hatte.

In Folge ging die neu erbaute Burg zuerst an Adalbero von Würzburg, dann an die Eppensteiner und danach an die **Traungauer**, die bis ins 17. Jh. die **Landesfürsten** der Steiermark stellten. Bereits im 15. Jh. wurde die Burg zu einer **Festung** erweitert, denn die nahenden Türken und Ungarn stellten eine echte Bedrohung dar. 1707 wurde die Burg dann von den **Grafen von Attems** erworben und 16 Jahre später – am 10. Juli 1723 – schlug ein Blitz just in den Teil der Burg ein, wo sich das **Pulverlager** der Stadt befand. Entsprechend fiel der Großteil des Baus den Flammen zum Opfer. Die Familie Attems entschied sich dagegen, die Burg wieder neu zu errichten, sondern baute ein **barockes Schloss** am Fuß des Burgbergs.

Heutzutage sind nur Teile der **Burgmauer** und ein **Wachturm** erhalten und es gibt keinerlei Erklärungen oder Ausstellungen zur Geschichte des Anwesens. Folglich besucht man die Ruine Gösting in erster Linie wegen des etwa **30-minütigen Spaziergangs** dorthin (man startet an der Bushaltestelle Gösting, wo das besagte Schloss steht, das nicht zu besichtigen ist) und wegen des **Rundumblicks.** Bei klaren Sichtverhältnissen erkennt man nicht nur das gesamte Grazer Stadtgebiet, sondern auch das Hügelland der Umgebung (und die Autobahn westlich der Burg).

An der Ruine gibt es eine **Taverne,** die einheimische Spezialitäten bietet, die allesamt ohne fließendes Wasser und Strom zubereitet werden. Ab hier ist auch ein Besuch des Turms möglich. Unterhalb der Burg führt ein zehnminütiger Fußweg zu einem weiteren Aussichtspunkt, dem sog. **Jungfernsprung,** von dem sich 1260 Anna von Gösting stürzte, nachdem ihr Gemahl Heinrich im Kampf gefallen war. Der Sage nach soll Anna hier mitternachts als **weiße Gestalt** erscheinen. Wer nicht so lange warten möchte, dem sei gesagt, dass es in der näheren Umgebung noch genug zu sehen und zu erleben gibt. **Zum Zeitpunkt der Drucklegung waren Burg und Taverne geschlossen. Es ist anzuraten, sich im Vorfeld eines Besuchs telefonisch zu informieren.**

› Burgruine Gösting, Haltestelle Gösting, Buslinien 40, 48, 85, ab der Bushaltestelle etwa 30 Minuten Aufstieg, Eintritt kostenlos (1 € Spende für die Erhaltung des Turms sind pro Person angebracht), Tel. 0664 4717739, www.bvg-graz.at

Mein Tipp

Der ultimative Rundblick

Ab der Bushaltestelle Gösting führen verschiedene beschilderte Wanderwege auf den zweiten Grazer Hausberg, den 754 m hohen **Plabutsch,** auf dessen Gipfel sich die imposante **Fürstenstand-Warte** befindet, die nach dem Besuch Kaiser Franz I. 1830 hier oben errichtet wurde. Für Auf- und Abstieg braucht man jeweils gut eine Stunde, doch ein Aufenthalt auf dem Gipfel kann etwas länger dauern, denn erstens ist auch von hier der Blick über Graz wirklich überwältigend und zweitens gibt es ein nettes **Einkehrlokal** (s. r.).

Wer noch nicht genug vom Wandern hat, der kann in etwa 2 ½–3 Std. entlang des Plabutsch-Kamms nach Süden über Gaisbergsattel und Ölberg bis zur zweiten größeren Erhebung um Graz, dem 659 m hohen **Buchkogel** mit der Rudolfswarte, gehen.

Auch hier sind die Wege ausgeschildert und ab dem Buchkogel hält man sich in Richtung Südosten, bis man zur Straßganger Straße in Straßgang gelangt, wo man Anbindung an zahlreiche Buslinien (zum Beispiel die Linie 32 zum Jakominiplatz 17) hat.

5 [af] **Bergheuriger Fürstenstand** €-€€, Fürstenstandweg 100, Tel. 0316 585700, **wegen Renovierung voraussichtlich bis Frühjahr 2024 geschlossen**

27 Schloss Eggenberg ★★★ [ah]

Während man den Großteil des Jahres im Palais Herberstein in der Sackstraße 3 verbrachte, wurde der Stammsitz der einflussreichen Familie Eggenberg im 17. Jahrhundert zu einer pompösen Sommerresidenz ausgebaut, deren Prunkräume mit den prachtvollen Malereien zu den beeindruckendsten innenarchitektonischen Kunstwerken Mitteleuropas zählen. Und auch wer sich für Archäologie und Numismatik interessiert, findet im Schloss reichlich Interessantes.

Die Idee zum Ausbau des Schlosses kam 1625, als **Hans Ulrich von Eggenberg** (1568–1634), der langjährige Berater des Kaisers Ferdinand II. von dessen Hof in Wien wieder in seine Heimatstadt Graz zurückkehrte und das Amt des **kaiserlichen Statthalters von Innerösterreich** bekleidete. Folglich war es notwendig, eine repräsentative Residenz zu bewohnen und welches Gebäude wäre geeigneter gewesen, als das vormals kleine Anwesen hier im Westen der Stadt am Fuß des Hausbergs Plabutsch?

034gr-dk

Erbauen ließ es Balthasar Eggenberger zu Eggenberg, einer der beiden Söhne Ulrich Eggenberger zu Eggenbergs, des Stammvaters der Händler- und Münzprägerfamilie, im Jahre 1463. Doch was Hans Ulrich hier mithilfe der italienischen Architekten Giovanni Pietro de Pomis und später Pietro Valnego erschaffen ließ, ist ein eindruckvolles Meisterwerk des **adeligen Mäzenatentums,** in dem sich Gesetzmäßigkeiten aus **Astrologie, Mathematik und Astrologie** vereinen.

Das Gebäude besteht aus drei Etagen, die über einem rechteckigen Grundriss errichtet wurden, dessen geometrisches Zentrum der **Turm der gotischen Kapelle** – der älteste Teil des Gebäudes – markiert. An allen vier Ecken befindet sich ein Turm, der nochmals eineinhalb Stockwerke mehr als das Hauptgebäude zählt und jeweils in eine der vier Himmelsrichtungen ausgerichtet ist. Dabei symbolisiert die Zahl 4 gleichermaßen die vier Elemente der Alchemie und die vier Jahreszeiten, denn Fürst Hans Ulrich war nicht nur ein begnadeter Diplomat und Stratege, sondern auch ein Gelehrter der damals üblichen Wissenschaften.

In der Mitte des Anwesens liegt ein **Innenhof** mit dreigeschossigen Pfeilerarkaden. Insgesamt verfügt das Schloss über exakt 365 Fenster (ge-

◁ Zentrum des Schlosses Eggenberg: die gotische Kapelle aus dem 15. Jh.

mäß den Tagen des Jahres); davon 52 im zweiten Stockwerk (gemäß der Wochen des Jahres). Doch damit nicht genug: In allen Etagen finden sich 31 Räume (gemäß den Tagen vieler Monate) und im zweiten Stockwerk befinden sich die innenarchitektonischen „Kronjuwelen" des Anwesens in Form von 24 **Prunkräumen** (gemäß den Stunden eines Tages). Diese wurden ab 1666 unter Johann Seyfried von Eggenberg mit höchster barocker Kunstfertigkeit fertiggestellt. Sie umfassen über 500 Wand- und Deckengemälde des Hofmalers Hans Adam Weissenkircher, die Themen aus der Bibel, der Antike und der Mythologie aufgreifen.

Man betritt die sog. „Beletage" (nur im Rahmen einer Führung von April bis Oktober zugänglich) über den bizarr pompösen **Planetensaal**, in dem Gemälde von Planeten und Tierkreiszeichen zu sehen sind, auf denen Mitglieder der Familie Eggenberg als Götter eines selbst kreierten Universums dargestellt werden. Auch in den anschließenden Räumen setzt sich der Luxus fort - unter anderem mit Öfen und Mobiliar aus der Zeit des Rokoko. Besonders erwähnenswert sind z. B. das **Schlafzimmer Maria Theresias** (die hier weilte, als bereits der letzte männliche Eggenberger verstorben war und das Geschlecht der Herbersteins das Schloss übernommen hatte), das **Spielzimmer** und natürlich die **ostasiatischen Kabinette**, in denen man eine Stadtansicht von Osaka aus dem 18. Jahrhundert als Tapetenmalerei findet.

Zwar bilden die Prunkräume das unangefochtene Herzstück des Schlosses und sollten unbedingt besucht werden (Dauer: etwa eine Stunde), doch man hat zusätzlich die Möglichkeit, drei **Museen** zu besuchen, die genau wie auch das Schloss an sich allesamt Teil des Universalmuseums Joanneum (s. S. 65) sind. Es handelt sich um die **Alte Galerie** mit europäischen Malereien aus der Zeit vom Mittelalter bis zum frühen Barock, das **Archäologiemuseum** mit Exponaten aus mehr als 50.000 Jahren „steirischer" Geschichte und das **Münzkabinett**, in dem der Entwicklung des Geldes und im Speziellen dem Aufstieg der Eggenberger als Finanzdynastie nachgespürt wird.

Wen dies alles wenig interessiert, dem sei versichert, dass der großzügige **Schlosspark** mit dem romantischen Rosenhügel zum Verweilen und Sauerstoff tanken einlädt. Wie auch immer: Das Schloss Eggenberg ist ein außerordentliches Gesamtkunstwerk des Barock, das seit 1999 zum UNESCO-Weltkulturerbe zählt!

› **Schloss Eggenberg,** Eggenberger Allee 90, Haltestelle Schloss Eggenberg, Straßenbahn 1, Tel. 0316 80179560, www.museum-joanneum.at/schloss-eggenberg-prunkraeume-und-gaerten
› **Führungen durch die Prunkräume:** April–Oktober Di–So 10, 11, 12, 14, 15 und 16, Mai–Sept. auch um 17 Uhr (November–März bleibt das Schloss geschlossen!), Führung und Eintritt in sämtliche Museen im Schloss sowie ein einmaliger Eintritt in den Park: 17 €, ermäßigt ab 7 €. Wer ein Kombiticket in Form der 24h- und 48h-Joanneumskarte aus einem anderen Teil des Universalmuseums (s. S. 65) besitzt, muss hier nur 3 € für die Führung durch die Prunkräume zahlen). Eintritt nur für den **Schlosspark** (ganzjährig 8–17, Mitte März–Okt. bis 19 Uhr): 2 €, ermäßigt 1 €.
› **Alte Galerie, Archäologiemuseum, Münzkabinett,** Tel. 0316 80179770, www.museum-joanneum.at, April–Oktober Di–So 10–18 Uhr, Eintritt 11 €, ermäßigt ab 4,50 €

Außerhalb der Stadt

Das Umland von Graz ist erstaunlich vielseitig, nicht zuletzt durch die teilweise atemberaubende Natur und die vielen Angebote für Outdoor-Aktivitäten. Für den ultimativen Rundumblick aus luftigen Höhen empfiehlt sich das Gipfelplateau des 1445 m hohen Schöckl (s. S. 49). Doch auch die umliegenden Ortschaften bieten interessante Sehenswürdigkeiten von „Hollywoodesk-Unterhaltsamem" bis zu unterschiedlichsten Sakralbauten. Einmalig sind zudem der kleine Ort Rein, in dem sich das gleichnamige Mönchsstift 30 befindet, aber auch das Freilichtmuseum in Stübing 31 und – für Pferdefreunde ein Muss – das Lipizzanergestüt in Piber 32.

28 Arnold Schwarzenegger Museum ★

Unter dem Motto „Arnie's life" informiert man sich im Geburtshaus des späteren Terminators und Gouverneurs von Kalifornien über dessen durchaus spektakulären Lebensweg und bestaunt dabei ganz persönliche Dinge aus dem privaten Fundus des „Self-made Millionaire".

Die knapp 2300 Einwohner zählende Gemeinde Thal liegt 4 km westlich der Landeshauptstadt, idyllisch eingebettet vom Frauenkogel und Generalkogel im Norden und Nordwesten sowie dem Plabutsch im Osten. Das Örtchen hätte es wohl kaum geschafft, das Augenmerk von Besuchern auf sich zu ziehen, wäre hier nicht 1947 **Arnold Schwarzenegger** auf die Welt gekommen. In seinem ehemaligen Elternhaus befindet sich das nach ihm benannte Museum und am davon unterhalb gelegenen, netten Thalersee hat er bei einer Bootsfahrt um die Hand von **Maria Shriver** angehalten (das entsprechende Boot erinnert hier noch daran). Sehnt man sich statt Glamour eher nach Geistigem, sollte man der durchaus unkonventionell gestalteten Pfarrkirche St. Jakob (s. S. 55) einen Besuch abstatten.

Man muss aber kein Fan von Schwarzenegger oder seiner Filme sein, um zu erkennen, dass die Karriere des hier im ehemaligen Forsthaus der Grafen Herberstein geborenen **„berühmtesten lebenden Österreichers"** eindrucksvoll ist! Schnell wird bei einem Besuch des Museums klar, dass Arnold aus **bescheidenen Verhältnissen** stammte, sich aber durch eigene **Motivation und Fleiß** über die Stationen des Gewichthebens und des **Bodybuilding** – er erlangte erstaunliche fünf Mr.-Universum- und sieben Mr.-Olympia-Titel – den Weg in die glitzernde Filmwelt Hollywoods bahnte.

1966 verließ er das elterliche Heim und bereits vier Jahre später erhielt er seine **erste Hauptrolle** in „Herkules in New York". Mit „Conan der Barbar" feierte er 1982 seinen Durchbruch. Es folgten „Terminator" (1984) und viele weitere Action- und Sciencefiction-Streifen wie „Predator" oder „Total Recall", aber auch Komödien wie „Twins" oder „Der Kindergarten Cop". Seine berühmtesten Zitate wie „I'll be back" oder „Hasta la vista, baby!" sind bis heute Kult und Arnolds Erfolg zeigte sich auch dadurch, dass zahlreiche Orte in Graz und Umgebung – darunter das **Fußballstadion** des legendären Clubs Sturm Graz – nach ihm benannt wurden.

Die Haltung zum „verlorenen Sohn" änderte sich, als er im November 2003 als Kandidat der Republikanischen Partei zum **Gouverneur Kali-**

forniens gewählt wurde, eine äußerst unnachgiebige Haltung zur **Todesstrafe** an den Tag legte und zahlreiche Gnadengesuche ablehnte. Doch bevor man sich im Grazer Gemeinderat einigen konnte, ihm die zugekommenen **Ehren abzusprechen** und unter anderem das Stadion umzubenennen (heute heißt es Merkur Arena), kam Schwarzenegger dieser Entscheidung zuvor und entzog der Stadt selbst das Recht auf die Verwendung seines Namens.

Nach seiner Wiederwahl 2007 blieb er noch bis Anfang 2011 im Amt. Danach wurde es auch politisch immer ruhiger um ihn. Folglich schlagen die Wellen auch in Österreich nicht mehr so hoch um den auch oft mit **Neid und Argwohn** betrachteten „Vorzeigeauslandssteirer".

In seinem Museum hier in Thal dreht sich aber noch alles um ihn, nicht zuletzt weil auch viele Besucher aus seiner neuen transatlantischen Heimat den weiten Weg auf sich nehmen, um in sechs Räumen die vielen Fotos, Plakate, Wachsfiguren und Erinnerungsstücke zu besichtigen – inklusive seiner **frühen Trainingsgeräte**, dem Nachbau des **Gouverneursschreibtisches** und der **Harley Davidson aus „Terminator"**. Es handelt sich also um einen durchaus intimen Einblick in die Kindheit, aber auch die steile Laufbahn des steirischen Weltstars.

Und wie stehen die Chancen, den Meister selbst hier für einen Schnappschuss vorzufinden? Nun, laut der Angestellten des Museums kommt er durchaus des Öfteren mal spontan vorbei. Und sollten Sie doch kein Glück mit dem gemeinsamen Erinnerungsfoto haben, probieren Sie's auch im **Café Kaiserfeld** (s. S. 76) oder sagen Sie sich einfach: „I'll be back!"

Mein Tipp

Moderne Kunst und Kirchen

In Thal befindet sich auch die vom Wiener Künstler Ernst Fuchs (1930–2015) gestaltete Pfarrkirche St. Jakob mit einer fantastischen Architektur – das Hauptschiff ist wie ein spitzer türkisfarbener Kristall angelegt – und ihrer üppigen, durch jüdische und christliche Symbole geprägte Ornamentik.

★6 **Pfarrkirche St. Jakob,** Kirchberg 1, A-8051 Thal, Haltestelle Thaler See (ab Jakominiplatz mit Buslinie 40 bis Endhaltestelle Gösting, ab dort mit Buslinie 48), Tel. 0316 572226, https://goesting.graz-seckau.at, geöffnet tägl. 8–18 Uhr, Eintritt frei

In Bärnbach, knapp 45 km westlich von Graz, wurde vom ebenfalls aus Wien stammenden Aktionskünstler und Umweltaktivist **Friedensreich Hundertwasser** (1928–2000) die Dorfkirche im für seine Arbeiten typischen Stil überarbeitet. Exemplarisch ist hierbei, dass gerade Linien vermieden und eckige Winkel abgerundet wurden. Außerdem leuchtet das Gebäude durch die diversen Keramikmosaike in grellen Farben.

★7 **Dorfkirche Bärnbach,** Piberstraße 15, A-8572 Bärnbach, nächste Haltestelle Bärnbach (S7, dann ca. 30 Min. Fußweg bis zur Kirche), Tel. 03142 62581, www.katholische-kirche-steiermark.at/goto/instvisitenkarte/633/Pfarre_B__rnbach, Öffnungszeiten: tägl. 8–18 Uhr, Führungen finden auf Nachfrage statt (Spende erwünscht)

› Linakstraße 9, A-8051 Thal, Tel. 0316 571947, Haltestelle Thaler See (ab Jakominiplatz mit Bus 40 bis Endhaltestelle Gösting, ab dort mit Bus 48), https://arnieslife.com, geöffnet März–Okt. tägl. 10–18 Uhr, Nov.–Febr. Fr–So 10–17 Uhr, Eintritt 11,90 €, ermäßigt 9,90 €

29 Wallfahrtskirche Maria Straßengel ★

Wer würde erwarten, dass sich gerade mal fünf Kilometer nordwestlich von Graz einer der bedeutendsten Sakralbauten der österreichischen Hochgotik befindet? Die Wallfahrtskirche Maria Straßengel thront, bereits von weither zu erkennen, über dem Örtchen Judendorf-Straßengel und stellt dabei für Interessierte ein lohnenswertes Ausflugsziel dar.

Das Örtchen **Judendorf-Straßengel** präsentiert sich auf den ersten Blick unspektakulär, doch gilt es als eines der am längsten bestehenden Orte der Steiermark, wurde ein ehemals ebenda befindlicher Wachturm doch bereits im Jahre 860 in einer der ältesten Urkunden Österreichs erwähnt. Wohl weil der Ort auf einer historischen Handelsroute über die Alpen liegt und sich entsprechend hier sehr früh jüdische Kaufleute niederließen, die im frühen Mittelalter intensiven Warenhandel betrieben, hat er seinen Namen: Judendorf.

Im Jahre 1147 schenkte **Markgraf Ottokar III.** (1125–1164) den hiesigen Landstrich dem Kloster Rein 30, dessen Mönche ihn im Weiteren bewirtschafteten und sich 1346 ans Werk machten, auf der Kuppe des höchsten Hügels des Orts eine imposante Kirche zu bauen. Vorher bestand hier bereits eine **hölzerne Kapelle** mit einem **Altarbild der Jungfrau Maria**, so wie sie angeblich Ottokar bei einem Kreuzzug erschienen sein soll. Bereits um dieses Gemälde rankten sich diverse Legenden, weshalb schon damals Wallfahrer hierher kamen. Doch auch sonst werden zahlreiche **Wunder** und **Geschichten** um das Gotteshaus erzählt. So wuchs im 14. Jahrhundert ganz in der Nähe eine Wurzel in Form eines Kreuzes (sie wird noch heute zu Prozessionen gezeigt) aus einer Tanne und wurde als Zeichen des Allmächtigen gedeutet.

Wie auch immer: Die **imposante Kirche**, die wegen ihrer Ähnlichkeit zum Wiener Stephansdom gerne „steirischer Steffl" genannt wird, wurde schnell zum etablierten **Wallfahrtsort** und das darunter liegende Dorf beherbergte folglich mehr und mehr Pilger. Zwar veranlasste Kaiser Joseph II. im Zuge seiner Pfarrregu-

035gr-dk

lierung im Jahre 1782 eine Sperrung und in Folge sogar den Abriss der Kirche, doch wurde dies durch eine Petition der örtlichen Gemeinde in letzter Sekunde verhindert. Glücklicherweise, denn Maria Straßengel ist wahrlich ein **Kleinod der Hochgotik.**

Die dreischiffige Hallenkirche verfügt – recht ungewöhnlich – über **zwei unterschiedlich hohe Kirchtürme,** die beide auf derselben Seite des Langhauses in den Himmel ragen. Im Nordteil der Kirche steht ein zweigeschossiger Anbau, der die **Sakristei** und eine **Kapelle** umfasst, und hier findet sich auch die barocke **Annakapelle.**

Unbedingt sollte man auf die massiven **Kreuzrippengewölbe** achten, die sowohl die Seitenschiffe als auch das Hauptschiff überspannen. Über dem Süd- und dem Westportal ist das stattliche Tympanonrelief sehenswert. Das angesprochene Marienbild ist heute leider nur noch als Kopie zu sehen, da das Original 1976 gestohlen wurde und seither nicht mehr aufgetaucht ist.

Herrlich sind die farbenprächtigen **Glasmalereien,** die zu einem großen Teil noch aus der zweiten Hälfte des 14. Jahrhunderts stammen, u. a. Heiligen- und Marienlegenden sowie die Passion Christi darstellen und dabei das Kircheninnere in ein mystisches Licht tauchen.

Doch auch außerhalb der seit den Türkenkriegen mit einer Wehrmauer umfassten Kirche lohnt es einen Moment innezuhalten und den Blick über das hügelige Umland zu genießen. Auch wenn heute nur noch wenige Wallfahrer hierher kommen und der Tourismus in Judendorf-Straßengel – der Ort war im ausgehenden 19. Jahrhundert einer der bekanntesten Kurorte der Habsburger-Monarchie – mittlerweile kaum noch existent ist, lohnt ein Ausflug schon allein wegen der eindrucksvollen Architektur der Kirche und dem genialen Panoramablick. Doch muss nochmals erwähnt werden, dass die Anreise mit öffentlichen Transportmitteln recht zeitaufwendig sein kann, weshalb die mit dem eigenen Fahrzeug vorzuziehen ist.

› Am Kirchberg 16, A-8111 Judendorf-Straßengel (Marktgemeinde Gratwein-Straßengel), Haltestelle Judendorf-Straßengel (S1 und S11 ab Graz Hauptbahnhof, etwa 15 Minuten Fußweg bis zur Kirche), Tel. 03124 51255, www.katholische-kirche-steiermark.at/goto/instvisitenkarte/618/Expositur_Maria_Stra__engel, Öffnungszeiten: tägl. 8–18 Uhr, Eintritt frei

‹ Zwei verschieden hohe Kirchtürme? Die Wallfahrtskirche weiß zu überraschen.

30 Stift Rein ★★★

Bei einer Führung durch das älteste Zisterzienserstift der Welt spüren auch Religionsmuffel zweifelsohne ein bisschen Ehrfurcht und erfahren erstaunlich viel Wissenswertes über den Alltag der hiesigen Ordensbrüder.

Mit dem Leitspruch „Ein Blick hinter Klostermauern“ bietet das Stift des im 11. Jahrhundert in Frankreich gegründeten **Zisterzienserordens** in Rein informative Führungen über das Anwesen, bei denen man so Allerlei über das Leben und den Tagesablauf der Mönche, aber auch über die Geschichte der Steiermark und Österreichs erfährt. Das mag trocken klingen, doch wer sich ein wenig für die Entwicklung der Kirche interessiert, der sollte die Anfahrt ins gera-

de mal 15 km nordwestlich von Graz entfernte, zu Füßen einer lieblichen Hügellandschaft gelegene Rein nicht scheuen. Nicht zuletzt, weil das Stift, das 1129 durch **Markgraf Leopold den Starken** gegründet wurde und das weltweit älteste noch bestehende Zisterzienserkloster ist, ein architektonisches „Zuckerl" darstellt. Ein Spaziergang über das Anwesen hat etwas von einer **Zeitreise durch die verschiedenen Stilepochen.**

Der älteste Teil ist der **mittelalterliche Klostertrakt** mit dem gotischen Kreuzgang, dem Sommerrefektorium, der Latrine und dem Konventhof mit dem über 400 Jahre alten Weinstock. Eindrucksvoll sind außerdem der **Arkadenhof** des Konvents und die **Kreuzkapelle** der barocken Prälatur und des Cellarium, in dem die Brüder einst ihren Wein lagerten. Mit Sicherheit werden einen auch der **Huldigungssaal**, der **Steinerne Saal** und natürlich die umfangreiche **Bibliothek** begeistern, in der unter den 100.000 Exponaten zahlreiche mittelalterliche Urkunden und Handschriften zu finden sind, von denen neben dem ersten Kalender in deutscher Sprache besonders das Reiner Musterbuch berühmt ist, das das Leben der Menschen im 13. Jahrhundert durch Zeichnungen veranschaulicht.

Das unangefochtene **Prachtstück** des Stifts ist aber die **barocke Kirche** mit ihrem sagenhaften Interieur, die 1979 von Papst Johannes Paul II. zu einer Basilika erhoben wurde. Die geradezu überbordenden **Deckenfresken** des Künstlers Joseph Adam Ritter von Mölk (1718–1794) und das Altarbild „Die Geburt Christi" von Kremser

Das Stift Rein im typischen Gelb des Habsburgerreichs (038gr-dk)

Überdosis Barock in der Stiftskirche

Schmidt (1718–1801) versetzen den Besucher in Staunen und Schwärmen.

Südlich an den Kircheneingang angebaut findet sich die **fünfjochige Marienkapelle**, unter der man im Jahr 2006 während Renovierungsarbeiten Reste des romanischen und gotischen Kapitelsaals und die Grabstätte des bereits erwähnten Markgrafen Leopold, dem Gründer des Stifts, fand.

Insgesamt ist das Stift Rein für die gesamtösterreichische Geschichte durchaus von Bedeutung, denn hier geschah es, dass im Jahr 1276 steirische und Kärntner Adelige den **„Reiner Schwur"** leisteten, wodurch sie sich mit dem deutschen König Rudolf I. gegen den amtierenden Landesfürsten, den aus Böhmen stammenden Ottokar II. Přemysl, verbündeten. So sicherten sie auf lange Sicht den Habsburgern die Herrschaft über Österreich.

Freilich erschließt sich all das dem Besucher nur im Rahmen einer **Führung** (Dauer etwa eine Stunde), die in der Regel von den Mönchen selbst durchgeführt wird und dabei auch reichlich Spannendes und Informatives bietet.

Im Stift gibt es keinerlei Einkehrmöglichkeit, dafür aber einen **Klosterladen**, der tägl. 10–12.30 und 13.15–16 Uhr geöffnet ist.

› Stift Rein, Rein 1, A-8103 Rein (Marktgemeinde Gratwein-Straßengel), Haltestelle Rein Gemeinde, Buslinie 110 (ab Graz Hauptbahnhof oder Graz Weinzödlbrücke bzw. alternativ ab Gratwein-Gratkorn, S1, S11), Tel. 03124 51621, www.stift-rein.at. Die Besichtigung ist nur im Rahmen einer Führung möglich. Führungen: täglich 10.30 und 13.30 Uhr (tel. Anmeldung empfohlen), Eintritt 11,50 €, ermäßigt ab 3 €. Die individuelle Anreise mit dem Pkw ist der mit öffentlichen Transportmitteln vorzuziehen.

036gr-dk

31 Freilichtmuseum in Stübing ★★★

Die Steiermark und gewissermaßen auch Graz sind in ihrer Seele ländlich. Im Freilichtmuseum in Stübing kann man in einem idyllischen, von Wald umgebenen Tal diese Seele spüren und erfährt, wie sich Landwirtschaft, Bauen und Wohnen in den Regionen Österreichs in über 500 Jahren entwickelt haben.

Das seit 1970 bestehende, in Stübing, einem Ortsteil von Deutschfeistritz, gelegene Österreichische Freilichtmuseum ist eines der größten und informativsten seiner Art in ganz Europa. Auf 65 ha durchwandert man hier – der geographischen Lage des Landes entsprechend – von Osten nach Westen das Gelände mit seinen **97 bäuerlichen Objekten aus allen österreichischen Bundesländern.** Dabei besichtigt man verschiedene Bauernhöfe, Schmieden, Waldarbeiterhütten, Mühlen, ein Sägewerk, eine Rauchstube, eine Schule u. v. m.

Die Bauten sind weitestgehend historisch – das älteste stammt aus dem Jahr 1452 – und spiegeln jeweils den architektonischen Stil eines bestimmten österreichischen Bundeslandes wider. So beginnt man bei mit Schilf gedeckten Gebäuden aus dem Burgenland, geht vorbei an den massiven Gehöften der Steiermark und Kärntens bis zu den Alphütten in Vorarlberg und erfährt dabei nicht nur einiges über das unterschiedliche bauliche Erscheinungsbild der einzelnen Regionen, sondern aufgrund der Tatsache, dass hier tatsächlich noch das **Handwerk vorgeführt** wird, auch etwas über den bäuerlichen Alltag. Möglich ist die Erkundung sowohl auf eigene Faust als auch im Rahmen einer Führung, wobei Letztere im Vorhinein reserviert werden sollte.

Doch auch wer nicht im Detail wissen möchte, was es mit dem Brotbacken, Dachdecken, Schindelklieben oder Zäunen auf sich hat, wird einen Besuch in Stübing nicht bereuen, denn das als **Naturschutzgebiet** ausgewiesene Gelände eignet sich auch hervorragend, um einfach einen Tag in Ruhe und fernab der Großstadt zu genießen. Auf dem leicht aufsteigenden Areal befinden sich neben üppigen Waldabschnitten, Bauerngärten und Feldern, die noch nach traditioneller Manier mit Sense und Sichel bearbeitet werden, auch Weiden, auf denen Tiere grasen sowie ein kleiner Weiher.

Speziell **Kinder** werden den auch „Tal der Geschichte(n)" genannten Freilichtpark schätzen, nicht zuletzt weil hier reichlich spannende Erlebnisbereiche für die kleinen Besucher zur Verfügung stehen und es eigene Kinderführungen gibt (auf denen man die Kindheit von früher erkundet).

037gr-fms

Kurzum: Das Freilichtmuseum Stübing ist an schönen Tagen ein geradezu wunderbares Ausflugsziel, das sich gleichzeitig informativ und entspannt präsentiert.

Wer aus Graz anreist, sollte dies mit dem eigenen Auto – ab der Stadtgrenze sind es knapp 20 km – tun, da eine Fahrt mit dem öffentlichen Nahverkehr hierher nur bestenfalls als „mühsam" bezeichnet werden kann. Wer ein bisschen Ausdauer hat, könnte auch in Erwägung ziehen, **mit dem Fahrrad** (s. S. 122) hierher zu kommen.

Im Park selbst befindet sich eine Raststation und im Eingangsbereich steht ein Café mit kleinen Snacks zur Verfügung, doch auch das Picknicken ist auf dem Gelände erlaubt.

› Enzenbach 32, A-8114 Stübing, Haltestelle Freilichtmuseum Stübing (Buslinie 130 ab Hauptbahnhof Graz und alternativ ab Stübing oder Gratkorn-Gratwein, S1, S11), Tel. 03124 53700, www.museum-joanneum.at/freilichtmuseum, Öffnungszeiten: April–Okt. tägl. 9–18 Uhr (Einlass bis 17 Uhr), Eintritt ab 14 €, ermäßigt ab 6 €, Familienticket 36 €, Kombiticket (24- und 48-Std.-Joanneumskarte s. S. 65), Führungen ab 4,50 €

32 Schloss und Lipizzanergestüt Piber ★★

Ein Besuch des Stammhauses der stolzen Lipizzaner stellt für Pferdefans sicherlich einen der Höhepunkte einer Grazreise dar. Im in der Weststeiermark gelegenen Piber erfährt man alles über die Aufzucht der edlen Hengste, von denen die besten bei Vorführungen an der Spanischen Hofreitschule in Wien durch ihre graziöse Art zu weltweitem Ruhm kommen.

039gr-gb

Im Lipizzanergestüt Piber wird die **älteste Kulturpferderasse Europas,** die strahlend weißen Lipizzaner, mit über vierhundertjährigem Wissen gezüchtet, immer noch ganz im Einklang mit der ursprünglich habsburgischen Tradition der klassischen Reitkunst. Heutzutage gehört das Gestüt dem Österreichischen Staat, der auch die Spanische Hofreitschule in Wien verwaltet.

In Piber sind Mutterstuten aller **15 klassischen Lipizzanergeschlechter** vertreten und durchschnittlich bringen diese **jährlich rund 40 Fohlen** zur Welt. Interessant ist in diesem Zusammenhang, dass die Jungtiere zumeist braun, grau oder schwarz das Licht der Welt erblicken und erst mit vier bis zehn Jahren das so typische weiße Fell bekommen. Die Hengste werden

In Piber dreht sich alles um die stolzen Lipizzanerpferde

Ländliches Österreich in Miniaturausgabe – das Freilichtmuseum in Stübing ist eine Reise wert

Mein Tipp

Entspannendes Nass

Wer an heißen Tagen eine Erfrischung braucht, der kann wahlweise das Augartenbad (s. S. 94) aufsuchen oder sich für ein paar entspannte Stunden an den Badesee in Kumberg (ca. 19 km nordöstlich von Graz) begeben.

- •8 **Badesee in Kumberg,** Seeweg 2, A-8062 Kumberg, Tel. 03132 2475, www.kumberg.gv.at/der-badesee, geöffnet Mai–September tägl. 8–20 Uhr, Eintritt 6,20 €, ermäßigt 2,50 €

Wirklich Erholungsbedürftige sollten einen Wohlfühltag in der von Friedensreich Hundertwasser (1928–2000) gestalteten Therme Rogner Bad Blumau (62 km östlich von Graz) in der Oststeiermark einlegen. Hier ist Wellness mitsamt Sauna, Dampfbad und allem, was dazugehört, garantiert.

- •9 **Therme Rogner Bad Blumau,** Bad Blumau 100, A-8283 Bad Blumau, Tel. 03383 51000, www.blumau.com, geöffnet tägl. 9–23 Uhr, Tagesticket ab 54 €, ermäßigt 35 €

sodann nach der unverändert weiter gepflegten **Renaissancetradition** trainiert, die auf die Reitschule der kaiserlichen Familie zurückgeht. Die besten Tiere kommen an die besagte **Spanische Hofreitschule,** wo man sich bei den dort stattfindenden Vorführungen ein Bild der Harmonie zwischen Reiter und Pferd und der enorm präzisen und eleganten Gangarten machen kann. Doch die Verbindung mit Piber bleibt ein Leben lang bestehen, so kommen die Hengste für Decksaisons zurück und nach Beendigung ihrer Karriere in Wien dürfen viele von ihnen ihren wohlverdienten Ruhestand in ihrem Geburtsort genießen.

Wer das Gestüt besucht, kann sich bei einem etwa **einstündigen geführten Rundgang** (nach den Uhrzeiten der Führungen sollte man sich im Vorfeld erkundigen) über die Zucht und Haltung der Pferde, die man natürlich auch aus nächster Nähe erlebt, informieren. Man erfährt dabei so einiges über das Training, aber auch über den Beruf des Züchters oder des Hufschmieds. Spannend ist außerdem der Besuch der **Wagenremise,** in der diverse historische Kutschen und Schlitten zu betrachten sind.

Das leicht erhöht liegende Anwesen geht in seinen Anfängen auf das 11. Jahrhundert zurück. So wie es sich heute präsentiert, wurde es zwischen 1696 und 1728 von Domenico Sciassia als Sommerresidenz für die Äbte und die Mönche des nahe gelegenen Stiftes Lambrecht errichtet, ehe es 1867 dem K.-u.-k.-Landwirtschaftsministerium unterstellt wurde, das im Jahr 1919 veranlasste, dass die Zucht der Lipizzaner von Lipica in Slowenien hierher verlegt werde.

Grundsätzlich ist ein Besuch des Bundesgestüts (Dauer mit An- und Rückfahrt nach Graz etwa 3 bis 4 Stunden, Entfernung ab Graz: 49 km) ein durchaus empfehlenswertes Alternativprogramm außerhalb der Stadt, doch sollte man ein Interesse für Pferde mitbringen.

› Piber 1, A-8580 Köflach, Ortsteil Piber, Haltestelle Piber Fesselweg (Buslinie 700 ab Graz Griesplatz bis Voitsberg Hauptplatz, ab dort Buslinie 705), Tel. 03144 3323, www.piber.com, Öffnungszeiten: Wintersaison (1. Nov.–31. Dez.) Sa, So 10.30–14.30 Uhr, Führungen: 11 und 13 Uhr, Sommersaison (1. April–31. Okt.) tägl. 9.30–17 Uhr, Führungen: 9.45, 11, 13, 14.15 und 15.30 Uhr, Eintritt (mit Gestütsführung): 21 €, ermäßigt ab 9 €

054gr-dk

Graz für Kunst- und Museumsfreunde

Graz hat eine recht beachtliche Anzahl an Museen zu bieten! Es gibt sowohl alteingesessene Ausstellungshäuser im historischen Dekor als auch moderne Museen, die im Zuge des Kulturhauptstadtjahres 2003 errichtet wurden.

Museen und Ausstellungshäuser

› **Alte Galerie.** In dieser sich im Schloss Eggenberg 27 befindlichen Kunstgalerie werden bedeutende Gemälde aus verschiedenen Jahrhunderten ausgestellt: christliche Heiligenverehrungen aus dem Mittelalter, aber auch fantastische Zeugnisse der Renaissance und des Barock. Die Alte Galerie gehört zum Universalmuseum Joanneum (s. S. 53).

› **Archäologiemuseum.** Dieses Museum für Vor- und Frühgeschichte befindet sich ebenfalls auf dem Anwesen des Schlosses Eggenberg 27 und ist nicht nur für „Indiana Jones"-Fans aufschlussreich. Es werden Exponate aus der Steiermark, aber auch aus dem Orient und dem Mittelmeerraum ausgestellt. Teil des Universalmuseums Joanneum (s. S. 53).

28 **Arnold Schwarzenegger Museum.** Im Geburtshaus Arnold Schwarzeneggers in Thal unweit von Graz bekommt man einen Einblick in die Kindheit, das Interesse am Bodybuilding und die Karriere des als „steirische Eiche" berühmten Weltstars, der u. a. als „Terminator" in die Annalen des Filmgeschäfts eingegangen ist, bevor er das höchste politische Amt des US-Bundesstaates Kalifornien bekleidete (s. S. 54).

M10 [E4] **Diözesanmuseum,** Bürgergasse 2, Tel. 0316 8041890, www.dioezesanmuseum.at, Di–Fr 9–17, Sa 11–17 Uhr, Eintritt 6 €, ermäßigt 5,50 €. Wer sich für kirchliche Kunstgegenstände interessiert, der ist im Diözesanmuseum richtig. Sehr stilecht befindet es sich in einem Teil des Priesterseminars und bietet neben einer Dauerausstellung, in der man insgesamt viel über die Geschichte und die Entwicklung der katholischen Kirche erfährt, auch jährlich wechselnde Sonderausstellungen.

4 [C3] **GrazMuseum.** Im GrazMuseum bleibt praktisch keine Frage zur urbanen Entwicklung offen, denn hier wandelt man chronologisch durch die einzelnen zeitlichen Kapitel der Stadtvergangenheit und erfährt dabei wahrlich Interessantes zu praktisch allen Bereichen, inklusive Kunst und Kultur. Ein Besuch ist ideal als Ergänzung eines Stadtspaziergangs, da man u. a. die Menge von Renaissancebauwerken und viele Straßenverläufe und Plätze in einem verständlichen Zusammenhang viel besser erfassen kann (s. S. 20).

M11 [F1] **Hans Gross Kriminalmuseum,** Heinrichstraße 18, Tel. 0316 3806514, https://universitaetsmuseen.uni-graz.at/de/unsere-sammlungen-und-ausstellungen/hans-gross-kriminalmuseum, Mo 10–15, Do 13–17 Uhr, Eintritt 5 €, ermäßigt 3 €. Dr. Hans Gross (1847–1915) kann getrost als „Vater der modernen Kriminologie" betrachtet werden, denn er entwickelte diverse forensische Methoden, die noch heute zum Repertoire der Verbrechensbekämpfung gehören. In diesem der Universität zugehörigen Museum – das auf die Lehrsammlung Gross' zurückgeht – bekommt man durchaus schaurige Einblicke in Kriminalfälle aus den Anfängen des 20. Jahrhunderts. Nichts für schwache Mägen.

Vorseite: Sonnenbaden zu Füßen von Erzherzog Johann auf dem Hauptplatz 1

12 [C4] **Haus der Architektur,** Mariahilferstraße 2, Tel. 0316 323500, https://hda-graz.at, Di–So 10–18 Uhr, Eintritt frei. Kein Museum im gewöhnlichen Sinne, sondern eine Plattform, die sich das Thema zeitgenössische Baukultur auf die Fahne geschrieben hat. Die Aktivitäten umfassen Ausstellungen, Vorträge und Workshops zu aktuellen Themen der Baukunst.

13 [cj] **Johann Puch Museum,** Puchstraße 85, Tel. 0664 4203640, www.johannpuchmuseum.at, Fr 14–17.15, Sa 14–18, So 10–18 Uhr, Eintritt 5 €, ermäßigt 2 €. Die Puch-Werke wurden 1899 von Johann Puch in Graz gegründet und produzierten zunächst Fahrräder, später auch Motoren, Motorräder und Autos. Im gleichnamigen Museum finden sich neben Informationen zur bewegten Entwicklung des Unternehmens auch diverse Fahrzeuge von einst.

19 [C4] **Kunsthaus Graz.** Das bauchige, mit Noppen versehene Kunsthaus Graz ist eines der anerkanntesten Ausstellungshäuser für Moderne Kunst in ganz Europa. Allerdings gibt es hier nicht eine feste Sammlung mit Dauerausstellung, sondern jeweils ein zeitlich begrenztes Programm an Ausstellungen zu gegenwärtiger Kunst und das praktisch aus allen Sparten. Das Kunsthaus ist ebenfalls Teil des Universalmuseums Joanneum (s. S. 42).

14 [F4] **Künstlerhaus/Halle für Kunst & Medien,** Burgring 2, Tel. 0316 740084, https://halle-fuer-kunst.at, Di–So 11–18 Uhr, Eintritt frei. Hier in diesem Haus südlich des Burggartens werden immer wieder neue Ausstellungen zeitgenössischer, junger Künstler – viele davon aus der Steiermark – aller Kunstsparten gezeigt. Doch das Künstlerhaus ist auch ein Treffpunkt für Kunstschaffende und entsprechend ist es häufig Schauplatz von Vernissagen oder anderen ausgesuchten Events.

Universalmuseum Joanneum

Universalmuseum Joanneum bezeichnet einen **Museumsverbund,** bestehend aus rund 20 Ausstellungshäusern in der ganzen Steiermark, von denen in Graz das **Landeszeughaus** 15, das **Kunsthaus Graz** 19, das **Museum für Geschichte** (s. S. 66), das **Naturkundemuseum** (s. S. 66), die **Neue Galerie** (s. S. 66), das **Volkskundemuseum** (s. S. 67), das **CoSA** (s. S. 119) und die **Alte Galerie,** die **Prunkräume und Gärten,** das **Archäologiemuseum** sowie das **Münzkabinett** im **Schloss Eggenberg** 27 zu finden sind. Das Joanneum ist übrigens nicht nur das älteste Museum Österreichs, sondern nach dem Kunsthistorischen Museum in Wien auch das größte. Auch das **Freilichtmuseum in Stübing** 31 ist Mitglied des Verbunds.

Wer nur einen der Standorte besuchen möchte, dem reicht ein einfaches Ticket, doch wer mehrere Ausstellungshäuser auf dem Programm hat, der sollte sich für eine **Multieintrittskarte** entscheiden, bei der man entweder für 24 (17 €, ermäßigt 7 €) oder für 48 Stunden (22 €, ermäßigt 9 €) Zugang zu allen erwähnten Adressen hat. Erhältlich sind die Tickets in jedem angeschlossenen Museum und der Touristeninformation (s. S. 116).

15 [D4] **Landeszeughaus.** Die Rüstkammer versetzt die Besucher ins 16. Jahrhundert, als die Fürsten und Grafen der Steiermark ihre männlichen Bürger zu den Waffen riefen, um die Heimat gegen die vorrückenden Türken zu verteidigen. Zu sehen ist auf vier Etagen die schier unfassbare Zahl von etwa 32.000 Exponaten, darunter diverses Kriegsgerät wie Lanzen, Schwerter, Dolche, Hellebarden und Feuerwaffen, aber auch Harnische,

Schilder und Helme. Auch das Landeszeughaus ist Teil des Universalmuseums Joanneum (s. S. 37).

› **Münzkabinett.** Die Familie Eggenberg verdiente einen Großteil ihres Reichtums durch das Münzprägen. Wo also, wenn nicht im Schloss Eggenberg 27, wäre ein besserer Ort für das Münzkabinett, in dem der Entwicklung des Geldes und im Speziellen dem Aufstieg der Eggenberger Finanzdynastie nachgespürt wird? Das Münzkabinett ist Teil des Universalmuseums Joanneum.

M 15 [D7] **Museum der Wahrnehmung,** Friedrichgasse 41, Tel. 0316 811599, www.muwa.at, Mi–Mo 13–17.30 Uhr, Eintritt 4 €, ermäßigt 2,50 €. Nach der Devise „Mit allen Sinnen" begeben sich die Besucher hier in die Welt der Wahrnehmungserfahrung. Ob durch das Sehen, Hören oder Anfassen, mithilfe von diversen Installationen erfährt man enorm viel über die eigenen Sinnesorgane. Angeschlossen ist auch das salzhaltige Samadhi-Bad, in dem man in totaler Dunkelheit „floaten" kann (nur nach Voranmeldung, ab 50 €, erm. 38 €).

M 16 [D3] **Museum für Geschichte,** Sackstraße 16, Tel. 0316 80179800, www.museum-joanneum.at/museum-fuer-geschichte, Di–So 10–18 Uhr, Eintritt 11 €, erm. 4,50 €. Hier im Palais Herberstein befindet sich die historische Sammlung des Universalmuseums Joanneum mit Exponaten zur Landes- und Kulturgeschichte zwischen Spätmittelalter und Rokoko. Dazu gehören kostbare Objekte wie der steirische Herzogshut (um 1400), der Prunkwagen Friedrichs III. (um 1450), der „Landschadenbundbecher" (1570) oder die Säulensonnenuhr von Hieronymus Lauterbach (1576). Neben dieser Dauerausstellung finden auch wechselnde Sonderausstellungen zu regionalen Themen statt.

› **Naturkundemuseum,** Joanneumsviertel 16. In diesem im Joanneum gelegenen Museum findet man eine eindrucksvolle Sammlung zu praktisch allen naturwissenschaftlichen Themen aus 400 Millionen Jahren steirischer Erdgeschichte: Flora, Fauna – viele Skelette, Fossilien und ausgestopfte Tiere in Glasvitrinen oder sorgfältig präparierte Insekten in Leuchtkästen –, Geologie usw. (s. S. 39)

M 17 [D5] **Neue Galerie,** Joanneumsviertel 16. Die Neue Galerie gehört zu den renommiertesten Ausstellungshäusern Österreichs, verfügt sie doch über eine eindrucksvolle Sammlung an Kunstwerken von Biedermeier über Jugendstil und Expressionismus bis zur klassischen Moderne und in die Zeit nach dem Zweiten Weltkrieg. Dazu gehören in erster Linie Gemälde, aber auch Grafiken, Plastiken und Fotografien bzw. Videos. Besonders sind u. a. die Werke des Wiener Aktionismus. Die Neue

Im Landeszeughaus 15 dreht sich alles um Rüstungen und Waffen

041gr-dk

Galerie gehört zum Universalmuseum Joanneum.

M 18 [B1] **Schell Collection,** Wiener Straße 10, Tel. 0316 766177, www.schell-collection.com, Mo, Di, Do, Fr 10–16.30, Mi 10–18.30 Uhr, Eintritt 10 €, ermäßigt 3 €. Die Schell Collection beherbergt das Österreichische Schloss- & Schlüsselmuseum. Was zuerst relativ unspektakulär klingen mag, entpuppt sich als wahrlich faszinierend, nicht zuletzt, weil es auch immer wieder zum Schmunzeln anregt. In diesem Haus erfährt man so manches Geheimnis zu den Themen Schloss, Schlüssel, Kästchen, Kassetten und Eisenkunstguss. Erfrischend informativ!

M 19 [ef] **Tramway Museum,** Mariatrosterstraße 204, Tel. 0316 8874226, www.tramway-museum-graz.at, unregelmäßige Öffnungszeiten s. Website, Eintritt 7 €, ermäßigt 5 €. Wer sich für alte Straßenbahnen interessiert, der ist hier richtig. Im Depot an der Remise Mariatrost befinden sich Oldtimertramways aus Graz, Wien, München und New York.

M 20 [G1] **UniGraz@Museum,** Universitätsplatz 3 (Kellergeschoss), Tel. 0316 3807444, https://universitaetsmuseen.uni-graz.at/de/unsere-sammlungen-und-ausstellungen/unigrazmuseum, Mo 10–15, Mi, Fr 10–13 Uhr, Eintritt 5 €, ermäßigt 3 €. In diesem gut aufbereiteten Museum werden Exponate und Modelle aus über 400 Jahren wissenschaftlicher Forschung an der Universität Graz gezeigt. Im Mittelpunkt steht die physikalische Sammlung mit anschaulichen Erläuterungen zu Spezialgebieten wie Elektrizität, Magnetismus, Messtechnik und Optik.

M 21 [D3] **Volkskundemuseum,** Paulustorgasse 11–13a, Tel. 0316 80179810, www.museum-joanneum.at/volkskunde, Di–So 10–18 Uhr, Eintritt 11 €, ermäßigt 4,50 €. In der Sammlung dieses bedeutenden ethnologischen Museums finden sich mehr als 40.000 Objekte, darunter etliche ethnografische Gegenstände und Zeugnisse zu Geschichte, Kultur und Alltagsleben europäischer Völker. Aber auch eine umfangreiche volkskundliche Sammlung zur Steiermark befindet sich hier, u. a. kann man einen beachtlichen Trachtensaal bestaunen. Das Volkskundemuseum ist in einem ehemaligen Kapuzinerkloster aus dem 17. Jh. untergebracht und gehört zum Universalmuseum Joanneum.

Kunst unter freiem Himmel

• 22 [bi] **KunstGarten,** Payer-Weyprecht-Straße 27, Tel. 0316 262787, https://kunstgarten.at, Fr, Sa 15.30–19 Uhr (nach Vereinbarung), Führungen Fr, Sa 16 Uhr, Eintritt (inklusive Führung) 7 €, ermäßigt 3,50 €. Die Initiative KunstGarten fördert zeitgenössische Kunst, die in diesem 1300 m² großen Gartenareal wie in einem Open-Air-Museum präsentiert wird. Zum wechselnden Programm gehören neben Ausstellungen auch Vorträge, Aufführungen, Lesungen und Konzerte.

• 23 **Österreichischer Skulpturenpark,** Thalerhofstraße 85, A-8141 Premstätten, Tel. 0316 80179704, www.museum-joanneum.at/skulpturenpark, April–Aug. tägl. 10–20 Uhr, Sept, Okt. tägl. 10–18 Uhr, Eintritt frei. In Premstätten, gerade mal sieben Kilometer südlich von Graz, befindet sich dieser sieben Hektar große Park mit eindrucksvollen Außenskulpturen österreichischer und internationaler Künstler wie „Airplane Parts and Hills“ von Nancy Rubins oder „Betonboot“ von Michael Schuster. Das Anwesen wurde im Rahmen des Kulturhauptstadtprogramms errichtet. Es ist heute Teil des Universalmuseums Joanneum und bietet eine nette Abwechslung zu den konventionelleren Kunstmuseen der Stadt.

042gr-dk

Graz für Genießer

Hungrig muss nun wirklich niemand durch Graz schlendern, denn die Hauptstadt der an „Genussregionen" reichen Steiermark ist seit langem eine wahre Gourmetdestination! Mit einem durchaus beachtlichen Angebot an Restaurants, Cafés, Bars, Wirtshäusern oder internationalen Lokalen ist Graz ein wahres Eldorado für hungrige Mägen und durstige Kehlen.

Wer authentisch steirisch essen möchte, der sollte vornehmlich eines der zahlreichen und immer noch äußerst populären **Gast- oder Wirtshäuser** aufsuchen, denn nur hier gibt es die wirklich authentischen Schmankerln aus regionalen Zutaten. Doch besonders sind in der Stadt an der Mur auch die vielen **gastronomischen Topadressen**, von denen einige stolze Träger von „Gault & Millau"-Hauben sind!

Einfach mal relaxen – Beach-Club Citypeach an der Mur, unterhalb der Erzherzog-Johann-Brücke (s. S. 78)

Aber was ist ein gutes Essen ohne den richtigen **Wein** dazu? Graz verfügt über einen stadteigenen Weinanbau und auch die Tropfen aus den umliegenden Regionen wie z. B. aus der West- und der Südsteiermark oder dem Vulkanland lassen sich in Bars und Lokalen stilvoll verkosten.

Nicht nur für ihre Kalorien berühmt-berüchtigt sind die köstlichen österreichischen **Mehlspeisen** wie Kuchen, Torten oder Strudel, denen man in den **Cafés und Kaffeehäusern** der Stadt verfallen kann. Diese finden sich auf Schritt und Tritt, sodass man nie lange suchen muss, um mal Fünfe grade sein zu lassen. Ob in der mondänen Innenstadt oder in den äußeren Bezirken: Das Kaffeehaus spiegelt immer ein bisschen Lokalkolorit wieder und eignet sich somit bestens zum Beobachten und Staunen.

Es ist im südlich angehauchten Graz übrigens eine Art „Gastronomiesport", bei etwas Sonne das Lokal auf den Bürgersteig auszudehnen und mit ein paar Tischen und Stühlen einen improvisierten **Gastgarten** zu errichten.

Das Essengehen liegt preislich in etwa im gleichen Rahmen wie in süddeutschen Städten. Wirklich günstig ist es in vielen Restaurants zur Mittagszeit, denn dann werden häufig **Mittagsmenüs** zu vernünftigen Fixpreisen angeboten. In allen Lokalen sollte man immer ein **Trinkgeld** geben – je nach Summe etwa 5–10 %.

Mittags haben die meisten **Restaurants** von 11 bis 15 Uhr und abends von 19 bis 23 Uhr **geöffnet.**

Essen und Trinken

Essen auf typisch steirisch? Da sind Sie in Graz goldrichtig! Die **Küche der Steiermark** hat bäuerliche Wurzeln, doch wurde sie auch durch diverse kulinarische Einflüsse der ehemaligen Kronländer der Habsburgermonarchie geprägt und kann zweifelsohne als äußerst vielfältig und seit der Aufwertung der Grazer Lokalszene ab den 1990er-Jahren auch als durchaus kreativ, ja geradezu innovativ bezeichnet werden.

Eine der unverkennbaren Spezialitäten ist fraglos das **Backhendl,** also in Paniermehl gewälzte und dann gebratene Hühnerteile, die mit diversen Salaten wie **Erdäpfelsalat** (Kartoffelsalat), **Vogerlsalat** (Feldsalat), **Krautsalat** (aus Weißkraut) oder dem exquisiten Salat aus **Käferbohnen** (so nennt man in Österreich die rötliche Feuerbohne) gegessen werden. Allen Salaten gemeinsam ist, dass sie meistens mit nussigem **Kürbiskernöl** angemacht werden, das in der Steiermark eine zentrale Rolle spielt. Wen wundert's, dass man in anderen Regionen des Landes die steirische Küche automatisch mit **Kürbis** in Verbindung bringt? Tatsächlich kommt dieser hier auch als gekochtes Gemüse, Suppe oder in Form von Kernen auf den Tisch. Letzteres z. B. in der Panade des aus Kalbfleisch (oder auch aus Schwein, Pute oder Hühnerfleisch) bestehenden **Steirerschnitzels,** das man genau wie in Wien flachgeklopft – also dünn – und trocken, sprich immer ohne Soße, liebt.

Gastro- und Nightlife-Areale
Bläulich hervorgehobene Bereiche in den Karten kennzeichnen Gebiete mit einem dichten Angebot an Restaurants, Bars, Clubs, Discos etc.

Zünftig ist außerdem der auch anderswo bekannte **Schweinsbraten,** der meist mit **Knödeln** (in der Regel aus trockenen **Semmeln,** also Brötchen, zubereitet und daher Semmelknödel genannt) gegessen wird. Dies gilt auch für das ursprünglich aus Ungarn stammende **Szegediner Gulasch** (auf Kraut- und Sauerrahm-Basis). Wer es herzhaft mag, dem sei ein **Girardi-Rostbraten** oder das sog. **Blunzengröstl** (ein aus Blutwurst, Kartoffeln und Zwiebeln bestehendes Pfannengericht) empfohlen.

Wirklich steirisch ist außerdem das klassische **Wurzelfleisch,** ein aus gekochtem Schweinefleisch, Sellerie, Karotten und Salzkartoffeln zubereitetes Gericht, das man mit **Apfelkren** (geriebener Meerrettich mit Apfel versüßt) liebt, oder der **Ritschert** genannte Eintopf aus Bohnen, Rollgerste und Selchfleisch.

Und ansonsten? Die unangefochtene südösterreichische **Beilage** für zahlreiche Gerichte ist **Sterz,** eine Art dickflüssiger Grieß, der aus Buchweizenmehl **(Heidensterz),** Roggenmehl **(Brennsterz),** Weizengrieß **(Griessterz),** Kartoffeln **(Erdäpfelsterz),** Kukuruz/Mais **(Türkensterz)** oder Bohnen **(Bohnensterz)** bestehen kann.

Charakteristisch für die gesamtösterreichische Küche sind die diversen **Suppenvariationen,** die auf Basis einer klaren Rindsbrühe zubereitet werden und wahlweise **Grießnockerl** (kleine Klöße aus Weizengrieß), **Frittaten** (geschnittene Pfannkuchen), **Backerbsen** oder **Leberknödel** beinhalten können. Nur hier und im angrenzenden Kärnten findet sich hingegen die **Klachlsuppe,** eine **Einbrennsuppe** (Mehlschwitzsuppe) mit Schweinshaxe. Informationen zum passenden (alkoholischen) **Getränk** zu diesen lukullischen Leckerbissen finden sich auf Seite 78.

Wirklich weltberühmt ist die österreichische Küche aber aufgrund ihrer herrlichen **Mehlspeisen.** Dazu gehören der **Kaiserschmarrn** (ein luftiger, in viele Teile zerteilter Pfannkuchen mit Puderzucker und Kompott), diverse süße Knödel wie **Germknödel** (mit Pflaumenmus gefüllte Hefeteigknödel) oder **Marillenknödel** (mit Aprikosen gefüllt), **Strauben** (ein deftiges Schmalzgebäck, das mit Zucker bestreut serviert wird) und selbstverständlich die beliebten Strudelvariationen wie der **Milchrahm-** oder **Apfelstrudel.**

Was passt hierzu wohl besser als ein **Kaffee?** Zu den beliebtesten Varianten gehören: ein kleiner oder großer Schwarzer (einfacher oder doppelter Espresso), ein kleiner oder großer Brauner (Espresso mit Milch), ein Verlängerter (also ein Espresso mit etwas mehr Wasser), ein Einspänner (ein Espresso im Glas mit viel Schlagobers – Sahne – und Staubzucker), eine Melange (ähnlich dem Cappuccino) oder ein Franziskaner (Melange mit Schlagobers statt Milch).

Empfehlenswerte Lokale

Steirische und österreichische Küche

Bei den folgenden Adressen wird man fündig, wenn es um echte einheimische Spezialitäten gehen soll. In vielen Lokalen ist die Grenze zwischen typisch steirischen und „restösterreichischen" Gerichten fließend.

24 [C3] **Alte Münze** €€, Schloßbergplatz 5, Tel. 0316 829151. Steirische Küche in einem Alt-Grazer Gasthaus unterhalb des Schloßbergsteigs. Neben der umfangreichen Karte sind auch das heimelige Interieur und der Außenbereich ein Erlebnis.

25 [C5] **Der Steirer** €€-€€€, Belgiergasse 1, Tel. 0316 703654, www.der-steirer.at. „Altbekanntes neu erfunden" bezeichnet wohl am besten, was in diesem einer französischen Brasserie nachempfundenen Gasthaus kredenzt wird. Klassische österreichische Küche wie Tafelspitz, Rindsgulasch, Rostbraten usw. wird hier kreativ zubereitet,

043gr-dk

Schwer suchtverdächtig – ein echtes steirisches Backhendl

ohne dass dabei die Authentizität leidet. Große Weinauswahl.

26 [D4] **Die Herzl Weinstube** €-€€, Prokopigasse 12/Mehlplatz, Tel. 0316 824300, https://dieherzl.at. Mitten im Herzen des gastronomisch überbordenden Mehlplatzes befindet sich dieses urige Grazer Traditionsgasthaus und bietet reichlich Schmankerl (u. a. ein gutes Backhendl), darunter auch durchaus ausgefallene Köstlichkeiten der lokalen Küche. Idyllisch sitzt man auch im leicht erhöhten Innenhof.

27 [E4] **Ferl's Weinstube** €-€€, Burggasse 10, Tel. 0316 840233, www.ferls-weinstube.at. In diesem urig-rustikalen Beisl – so nennt man einfache Gasthäuser – geht's zwar nicht übermäßig hip, dafür umso zünftiger zu. Wirtshausklassiker in altbewährter Manier.

28 [E4] **Glöckl Bräu** €-€€, Glockenspielplatz 2–3, Tel. 0316 814781, www.gloecklbraeu.at. In diesem gemütlichen, holzgetäfelten Wirtshaus mit mehreren Räumen und einer großen Terrasse auf dem Glockenspielplatz gibt es rustikale österreichische Küche zu erschwinglichen Preisen. Spezialitäten sind vor allem der gar köstliche Schweinsbraten, aber auch das steirische Schnitzel (mit Kürbiskernpanade) ist nicht „von schlechten Köchen".

29 [D5] **Landhaus-Keller** €€-€€€, Schmiedgasse 9, Tel. 0316 830276, https://landhauskeller.at. Eines der traditionsreichsten Grazer Lokale mit einer umfassenden Auswahl an bekannten und weniger bekannten Spezialitäten der Steiermark. Der Landhaus-Keller hat Klasse und das Preisniveau ist entsprechend gehoben. Kurz: eine edle Adresse mit klassischer Küche! Im Kellergewölbe des Lokals befindet sich das Katze Katze, eine Mischung aus Club und Varieté (https://katzekatze.at). Ebenso gehört zum Haus das edle Sushi-Lokal Miss Cho (s. S. 75).

30 [F3] **Laufke** €€-€€€, Elisabethstraße 6, Tel. 0664 4538760, https://laufke.net, Di–Sa 18–24 Uhr. Zuallererst ist das Laufke ein traditionelles Wirtshaus mit typisch steirischen Gerichten, die aber durchaus innovativ zubereitet werden. Die dazugehörige Weinbar erfreut sich auch später am Abend großer Beliebtheit.

31 [D4] **Schmankerlstube** €€, Sackstraße 10, Tel. 0316 833211, www.schmankerlstube.at. Noch mehr Graz als in diesem urigen Familienbetrieb geht kaum. Ob saisonale Highlights oder gutbürgerliche Favorites – alles ist wirklich ein Gedicht. Außer dem gemütlichen Innenlokal kann man auch im erholsamen Gastgarten sitzen.

Preiskategorien

Richtwerte für ein Hauptgericht pro Person ohne Getränk.

€	bis 15 €
€€	15–25 €
€€€	über 25 €

Mein Tipp

Ein Hoch auf diese Backhendl!

In Kainbach nordöstlich von Graz befindet sich das Gasthaus Griesbauer, das auch über die Grenzen der Steiermark hinaus für seine knusprigen Backhendl bekannt ist. Aufgrund des großzügigen Gastgartens (mit angeschlossenem Spielplatz) empfiehlt sich ein Besuch auch oder speziell im Frühling und Sommer.

32 **Gasthaus Griesbauer** €€, Schaftal 22, A-8044 Kainbach bei Graz, Tel. 0316 391104, www.gasthaus-griesbauer.at, ab Kaiser-Josef-Platz/Oper mit Regionalbus 400, ab Andreas-Hofer-Platz mit Regionalbus 300, 350, 470

33 [E4] **Stainzerbauer** €€-€€€, Bürgergasse 4, Tel. 0316 821106, www.stainzerbauer.at. Bei angenehmen Temperaturen ist der Stainzerbauer durch seinen idyllischen Innenhof ohne Frage eine der besten Adressen für gehobene österreichische Küche. Bereits im 19. Jahrhundert gab es hier eine Gaststätte!

Toplokale

Wie die Überschrift vermuten lässt: Hier zahlt man meist kräftig, allerdings für gute Qualität, ordentliche Portionen und hervorragenden Service. Für ein Hauptgericht sollte man mit 30 bis 40 € rechnen, jedoch gibt es auch hier häufig Menüs zu Fixpreisen.

34 [D3] **aiola UPSTAIRS** €€€, Am Schloßberg 2, Tel. 0316 818797, https://upstairs.aiola.at. Dieser Gourmettempel ist ein Fest für die Sinne. Mit Blick auf die Stadt von der Terrasse auf dem Schloßberg speist man hier im schlichten, aber repräsentativen Ambiente so attraktiv wie sonst kaum irgendwo in Graz. Die Küche ist ein Potpourri aus mediterranen und internationalen Spezialitäten mit einem deutlichen österreichischen Einschlag.

35 [C4] **Caylend** €€€, Stigergasse 1, Tel. 0316 711515, http://caylend.at. Unmittelbar am Lendkai liegt dieses Haubenlokal, in dem Steirisches auf Exotisches trifft. Ob Fleisch, Fisch oder auch Vegetarisches, alles schmeckt wie eine Mischung aus Karibik, Südamerika und einem Hauch Ostalpen. Trockenen Kehlen wird außerdem das reiche Angebot an Cocktails und die umfassende Weinkarte Linderung verschaffen.

36 [E7] **Didi Dorner im Magnolia** €€€, Jakob-Redtenbacher-Gasse 24, Tel. 0699 13018818, www.restaurant-magnolia.at. Nein, um Gäste muss sich Didi Dorner keine Sorgen machen, denn in Punkto Hauben (s. u.) kann es kein Lokal der Stadt mit ihm aufnehmen. Edle Haute Cuisine, exklusive Weine und ein wirklich hervorragender Service machen einen Abend hier im Restaurant Magnolia im Augarten Hotel garantiert speziell. Reservierung unbedingt erforderlich!

Von Köchen und Hauben

Im Zuge des steigenden Bewusstseins für hochwertige Ernährung hat Österreich heimische Gebiete aufgrund der Beständigkeit der lokalen Landwirtschaft, der Qualität der regionalen Produkte und nicht zuletzt wegen ihrer exzellenten Gastronomie zu sog. „Genussregionen" erklärt, von denen es bis dato landesweit mehr als 100 gibt. Auch Graz führt seit 2008 den Titel der **GenussHauptstadt** und die Stadtregierung tut seitdem enorm viel, um dieser Auszeichnung gerecht zu werden. So finden zwischen März und Oktober wöchentlich **kulinarische Rundgänge** statt (Infos auch unter www.foodfestivalgraz.at), es werden sog. „Genuss Spektakel" und Picknicks organisiert und etwa Mitte August wird auf dem Hauptplatz 1 die „Lange Tafel" mit mehr als 700–750 angemeldeten Gästen gefeiert (s. S. 97). Kein Wunder, dass sich in diesem Geiste auch zahlreiche bekannte Küchenchefs besonders den Ansprüchen neugieriger Feinschmecker annehmen. Tatsächlich kann Graz mit über 20 durch die begehrten **Gault-&-Millau-Hauben** ausgezeichneten Restaurants aufwarten und ist damit die absolute Kulinarik-Hochburg des Landes. Also dann: An guat'n Appetit!

37 [aj] **Kehlberghof** €€€, Kehlbergstraße 83, Tel. 0316 284125, www.kehlberghof.at. Südwestlich der Innenstadt, in Straßgang, befindet sich dieses erstklassige Haubenlokal mit traumhaftem Garten und gemütlicher Gaststube. Serviert wird gehobene österreichische Küche – darunter viele saisonal abwechselnde Gerichte – und dazu gibt es eine wirklich großartige Auswahl an erlesenen heimischen Weinen.

38 [C3] **Starcke-Haus** €€€, Schloßberg 4, Tel. 0316 834300, www.starcke.at. Romantischer geht's nirgends an der Mur. Im historischen Starcke-Haus hoch auf dem Schloßberg gibt es ausgewählte Menüs aus ausschließlich heimischen Produkten. Besonders schön sitzt man auf der kleinen Terrasse, von der aus man einen grandiosen Blick auf das westliche Murufer hat.

In Graz kocht die Welt

Die einheimische Küche ist vielleicht nicht immer jedermanns Sache und nach ein paar Tagen sehnt man sich möglicherweise nach etwas Anderem, daher hier ein paar Adressen von Lokalen, die den Gast geschmacklich weit weg von der Mur führen.

39 [B3] **Bakaliko** €-€€, Lendplatz 1, Tel. 0660 3602493, www.bakaliko.at. Das stylische Bakaliko ist ein jung-hippes griechisches Deli, in dem man diverse Leckerbissen aus Hellas einkaufen, aber auch vor Ort vernaschen kann. Besonders empfehlenswert für ein leichtes Mittagessen.

40 [E3] **Café Mitte** €-€€, Freiheitsplatz 2, www.facebook.com/cafemitte.at, Tel. 0677 64869116. In erster Linie ist dieses Lokal eine Mischung aus trendigem Café und Bar, doch gekocht wird hier thailändisch! Wem es also nach einem grünen Thai-Curry, einer scharf-sauren Tomyam-Suppe oder einem fruchtigen Garnelensalat gelüstet, der ist im Café Mitte goldrichtig.

MEIN TIPP

Lokale mit guter Aussicht

Wer mit Weitblick speisen möchte, dem seien zuallererst das **aiola UPSTAIRS** (s. S. 72) und das **Starcke-Haus** (s. l.) auf dem Schloßberg sowie das **Café Freiblick** (s. S. 76) im obersten Stockwerk des Kaufhauses Kastner & Öhler (s. S. 85) empfohlen. Für einen Drink über den Dächern der Stadt empfiehlt sich die **SKYBAR** (s. S. 80).

41 [D4] **Don Camillo** €-€€, Neue-Welt-Gasse 3, Tel. 0316 845496, www.doncamillo.at. Das ideale Dekor für einen lauschigen Abend auf dem ruhigen Franziskanerplatz genießt man bei Don Camillo. Die Küche ist italienisch und Liebhaber von Pizza und Pasta werden sicherlich nicht enttäuscht.

42 [D4] **El Gaucho** €€€, Landhausgasse 1, Tel. 0316 830083, www.elgaucho.at. In diesem argentinischen Steakhaus ist das Essen zwar cholesterinlastig, aber auch wirklich hervorragend. Man wählt im Vorfeld das entsprechende Fleischstück – egal ob Tenderloin, Filet oder T-Bone – und lässt es sich nach persönlicher Vorliebe zubereiten. Dazu gibt es eine große Auswahl an internationalen Weinen.

43 [D6] **Ganesha** €-€€, Pestalozzistraße 6, Tel. 0316 817120, www.ganeshagraz.at. Südlich der Innenstadt befindet sich das beste indische Restaurant von Graz. Ganz besonders empfehlenswert sind die diversen vegetarischen Hauptspeisen, in deren Genuss man auch beim günstigen Mittagsbüffet kommt!

44 [cg] **Kornati** €€-€€€, Franckstraße 44, 0660 3108104, www.kornati.at. Beim Kornati handelt es sich um ein kroatisches Lokal, in dem Fisch- und Meeresfrüchteliebhaber voll auf ihre Kosten kommen. Ob istrische Trüffelpasta, gegrillte Calamari oder Tuna Tatar, hungrig muss wirklich niemand bleiben.

45 [D4] **L'Osteria** €-€€, Mehlplatz 1, Tel. 0316 83934310, https://losteria.net. Dieses zu einer Franchise-Kette gehörende Lokal befindet sich auf dem Mehlplatz und ist für seine riesigen Pizzen bekannt. Augrund der Tatsache, dass das L'Osteria sowohl drinnen als auch draußen genug Platz und vernünftige Preise bietet, ist es eine angenehme Alternative zu anderen Lokalen in der Innenstadt.

46 [D5] **La Meskla** €-€€, Kaiserfeldgasse 19, Tel. 0676 88876666, www.lameskla.com. Im Meskla kocht man lateinamerikanisch. Neben den vortrefflichen Spezialitäten aus der Neuen Welt – wie Empanadas, Nopales oder Tamales – lieben Besucher dieses Lokal vor allem wegen seiner Atmosphäre, zudem finden hier ab und zu kulturelle Soirées statt.

Meine Tipps

Köstlich vegetarisch

In den meisten Restaurants der Stadt, aber speziell im **Kehlberghof** (s. S. 73), **Der Steirer** (s. S. 70), **Glöckl Bräu** (s. S. 71), **Landhaus-Keller** (s. S. 71), **Salon Marie** (s. S. 75) oder im **Stainzerbauer** (s. S. 72) findet man vegetarische Leckerbissen, und zwar ganzjährig mit saisonalen Extras wie zur Eierschwammerl- (Pfifferling-) oder Spargelzeit. Weiterhin bieten so ziemlich alle in diesem Buch empfohlenen Cafés vegetarische Speisen an. 100 % fleischlos sind die folgenden beiden Lokale:

47 [C4] **Café Erde** €-€€, Andreas-Hofer-Platz 3, Tel. 0316 820413, https://cafeerde.com. Garantiert vegane große und kleine Gerichte bekommt man in diesem studentisch anmutenden Lokal. Mittags gibt es täglich zwei verschiedene Menüs. Alle Zutaten kommen aus ökologischem Anbau.

48 [G4] **Gerüchteküche** €€-€€€, Gartengasse 28, Tel. 0664 88318444, www.geruechtekueche.org. Die rein vegetarische/vegane Gerüchteküche wird aufgrund ihrer innovativen Kreationen regelmäßig ausgezeichnet und widmet sich dabei ganz dem Thema Nachhaltigkeit.

Dinner for one

Wer allein unterwegs ist, der kann in praktisch jedem hier erwähnten Lokal sorglos speisen. Besonders angenehm unter den Grazer Lokalen sind dabei das **Café Mitte** (s. S. 73), das **Glöckl Bräu** (s. S. 71), **Die Herzl Weinstube** (s. S. 71) und das **Propeller** (s. S. 47).

Und wer nicht mehr alleine bleiben will? Kein Problem! Die Grazer sind in der Regel äußerst redselig und scheuen sich nicht, mit Fremden ins Gespräch zu kommen. Wichtig ist dabei, nicht zu ernst und seriös zu sein, sondern diesen spontanen Treffen mit Humor zu begegnen. So ziemlich alle Pubs und Bars des **„Bermudadreiecks“** (Glockenspielplatz 13), aber auch die im **Universitätsviertel** 23, eignen sich, um allein einen Drink zu heben und dabei vielleicht mit „echten Eingeborenen“ ins Gespräch zu kommen. Nur Mut!

Für den späten Hunger und Durst

Nach 24 Uhr ist es in Graz nicht gerade ein Leichtes, in angenehmer Umgebung etwas zu Essen aufzutreiben. Zu den bekanntesten Adressen für späte kulinarische Freuden gehören der **Kulturhauskeller** (s. S. 81), in dem man bis in die frühen Morgenstunden Steinofenpizza bekommt, und die diversen **Imbissstände am Hauptplatz** 1 und **Jakominiplatz** 17, die wahlweise Burger, Döner, Sandwichs, unterschiedlichste Würstelvariationen oder asiatische Schnellgerichte im Programm haben.

› **Miss Cho** €€-€€€ (im Landhaus-Keller, s. S. 71), Tel. 0316 830276, www.misscho.at. Als „Asian Dinner Club“ bezeichnet sich das exklusive Miss Cho. Vor allem Sushi und Nigiri, aber auch panasiatische Fusionsküche wird hier in einem Dekor serviert, das ein bisschen an einen James-Bond-Film erinnert.

› **Salon Marie** €€-€€€, Grieskai 4–8, Tel. 0316 706683, https://salonmarie.at. In diesem jung-urbanen Lokal, das zum stylischen Grand Hôtel Wiesler (s. S. 125) gehört, gibt es internationale Leckerbissen. Ob Steak, Schnitzel oder Vegetarisches – der Salon Marie zeichnet sich dadurch aus, dass Bekanntes kreativ umgesetzt wird.

49 [D4] **Torona** €€, Prokopigasse 2, Tel. 0316 902404, www.torona.at. Ob Tapas, Sangría, herzhafte Speisen vom Grill oder iberische Weine – ins Torona geht, wer sich nach spanischen Momenten sehnt. ¡Olé!

50 [D4] **Yamamoto** €€, Prokopigasse 4, Tel. 0316 852852, www.yamamoto-sushibar.at. Das kleine Yamamoto ist geschmacklich ohne Zweifel der zuverlässigste Japaner in Graz. Ob Sushi, Sashimi, Teppanyaki oder Tempura – hier kommen „Stäbchenfetischisten“ garantiert auf ihre Kosten.

Der kleine Snack für Zwischendurch

Es muss ja nicht immer Backhendl oder Wurzelfleisch sein! Graz verfügt über viele Lokale, in denen man auch mal schnell den kleinen Hunger stillen kann. Zu den Bekanntesten gehören:

51 [C4] **Barista's (1)** €, Franziskanerplatz 4–5, Tel. 0316 225467, www.baristas.at. Barista's ist ein Coffeeshop nach US-amerikanischem Vorbild mit einer fantastischen Auswahl an Bagels, Muffins, Brownies, Pancakes, Shakes, Smoothies und wirklich ausgezeichnetem Kaffee. Weitere Filialen, u. a.:

52 [bh] **Barista's (2)** €, Eggenberger Allee 14, Tel. 0677 63954162

53 [G4] **Barista's (3)** €, Leonhardstraße 18, Tel. 0677 63349325

54 [E4] **Frankowitsch** €€, Stempfergasse 2, Tel. 0316 822212, www.frankowitsch.at. Bei der namhaftesten Feinkosthandlung der Stadt bekommt man sagenhafte Brötchen mit verschiedenen Pasteten und Aufstrichen, Sandwichs (vor allem die mit Schinken), aber auch täglich wechselnde kleine Gerichte, die man im Geschäft an Stehtischen oder im Außenbereich genießen kann.

55 [C4] **Hummel** €-€€, Mariahilferstraße 12, www.hummel-graz.at. Schmackhafte Leckerbissen aus dem Nahen Osten wie Hummus, Baba Ghanoush, Fattoush, Shakshuka und Pita-Sandwiches gibt es in diesem entspannten Kleinod der Sinne – und das vorrangig aus Bioprodukten und mit einem Sinn für Nachhaltigkeit. Besonders schön sitzt man im Innenhof des Lokals praktisch in Mur-Nähe.

044gr-dk

▷ *Bei Frankowitsch gibt es Delikatessen und leckere Snacks*

Empfehlenswerte Cafés und Eiscafés

Die österreichische Kaffeehauskultur ist legendär und das gilt natürlich auch für Graz. In den Etablissements verbringt man Zeit, um eine Tasse des koffeinhaltigen Göttertrunks oder eine köstliche Mehlspeise – so nennt man hier Süßes wie Kuchen, Torten, Strudel oder Hefegebäck – zu genießen.

56 [F2] **Café Fotter,** Attemsgasse 6, Tel. 0316 322146, www.cafe-fotter.at. Nordöstlich des Stadtparks liegt dieses nette Café, das ein bisschen an ein Wohnzimmer erinnert. Man hat die Wahl zwischen Plätzen im Inneren oder im lauschigen Rosengarten. Neben Kaffee- und Mehlspeisengenuss kann man hier auch grandios frühstücken.

› **Café Freiblick,** Tel. 0316 835302, http://freiblick.co.at. Frühstück mit Rundblick über Graz gefällig? Im Café Freiblick im obersten Stockwerk des Kaufhauses Kastner & Öhler (s. S. 85) ist das kein Problem. Neben kalten und heißen Getränken gibt es hier auch kleine Snacks und eine wechselnde Auswahl an Mittagsgerichten.

57 [D5] **Café Kaiserfeld,** Kaiserfeldgasse 19–21, Tel. 0664 5951004, www.cafe-kaiserfeld.at. Ein Café der oberen Klasse mit üppiger Ledereinrichtung und verspiegelten hohen Wänden. Gute warme Küche (auch Mittagsmenüs), kalte Imbisse und ein reichhaltiges Angebot an süßen Verführungen (speziell der Apfelstrudel ist legendär). Der Hauptgrund, warum man ins Kaiserfeld geht, ist aber, um dem Governor's Room einen Besuch abzustatten – ein Extrazimmer mit Arnold-Schwarzenegger-Erinnerungsstücken. Immerhin stehen hier die Chancen gar nicht schlecht, dem „echten Terminator" zu begegnen, denn wenn er in Graz weilt, steht ein Besuch in diesem Café angeblich (fast) immer auf dem Programm!

58 [D4] **Café Sacher,** Herrengasse 6, Tel. 0316 80050, www.sacher.com/de/restaurants/cafe-sacher-graz. Im „Garten Eden" für Tortenliebhaber gibt es so ziemlich alles, was das Süßmäulchen erfreut. Hier im Ableger des Wiener Stammhauses werden neben der weltberühmten Sachertorte auch andere exquisite Leckerbissen angeboten.

› **Café Schubert,** Tel. 0316 829081, https://schubertkino.at. Dieses zum gleichnamigen Kino (s. S. 84) gehörende Café ist strategisch unangefochten das Beste der Stadt, denn es befindet sich auf dem belebten Mehlplatz, wo praktisch jede und jeder vorbei muss. Besonders schön sitzt man vor dem Lokal unter der Sonnenmarkise.

59 [D4] **Eis Greissler,** Sporgasse 10, www.eis-greissler.at. Dieser kleine, äußerst beliebte Straßenverkauf bietet neben einer großen Vielfalt an außergewöhnlichen Sorten (z. B. Mohn oder Kürbiskernöl) auch Eis für Veganer.

60 [F2] **Glacis 25,** Rittergasse 2, Tel. 0316 325777. Ein außergewöhnlicher Ort, der durch seinen Charme besticht und perfekt zum Abhängen und Graz-mal-für-ein-paar-Stunden-Graz-sein-lassen geeignet ist. Durch die Nähe zur Uni auch besonders bei Studentinnen und Studenten beliebt.

MEIN TIPP

Zeitungen gefällig?

In den meisten Grazer Cafés liegt aktuelle Presse wie die „Kleine Zeitung", die „Kronenzeitung", der „Kurier", der „Standard" usw. kostenlos aus, außerdem die Stadtzeitung „falter" und häufig auch deutsche und Schweizer Printmedien. Man kann somit bei einer morgendlichen Tasse Kaffee u. a. auch Informationen zu Aufführungen in Oper und Theatern oder zum Kinoprogramm bekommen.

☕61 [C5] **Kaffee Weitzer,** Belgiergasse 1, Tel. 0316 703650, https://hotelweitzer.com/das-hotel/das-kaffee-weitzer. Elegant gestaltetes Kaffeehaus im Altwiener Stil mit einer umfangreichen Frühstücks- und Süßspeisenkarte sowie äußerst leckeren Torten. Mittags gibt es auch verschiedene Gerichte, wie z. B. das hier beliebte Fiakergulasch.

☕62 [F5] **Kristinas Meisterkonditorei,** Girardigasse 6–8, Tel. 0316 890889, www.meisterkonditorei.at. Eines der klassischen Grazer Cafés. Angenehm altmodisch, mit einem hohen Anteil an Stammgästen, ausgezeichnetem Kaffee und guten Mehlspeisen.

☕63 [E5] **Operncafé,** Opernring 22, Tel. 0316 830436, www.operncafe.at. Das Operncafé am südlichen Ende der Herrengasse ist aufgrund seines gemütlichen Interieurs ein Kleinod unter den örtlichen Kaffeehäusern. Große Auswahl an österreichischen Spezialitäten und zwar süße und salzige.

☕64 [E3] **Promenade Café,** Erzherzog-Johann-Allee 1, Tel. 0316 813840, http://promenade.aiola.at. Das traditionsreiche Promenade Café ist historisch gesehen der Treffpunkt der Künstler. Zwar lässt sich das damalige Flair heute kaum noch erahnen, eine geschichtsträchtige Adresse mit hervorragenden Mehlspeisen – auch auf der hübschen Terrasse zu genießen – ist es aber immer noch. Abends avanciert das Lokal zur Bar mit Musik vom DJ und großer Cocktail-Auswahl.

☕65 [D4] **Sax Eis,** Sporgasse 13, www.saxeis.at. Einfach verführerisch – die langen Schlangen im Sommer sprechen für sich! Über 60 Eissorten, außerdem Smoothies, Frozen Joghurt und Eisshakes.

☐ *Ideal für laue Sommernächte – die Terrasse der Alten Münze (s. S. 70)*

Graz am Abend

Nein, wenig los ist in Graz wirklich nicht! Bei mehr als 60.000 Studierenden erstaunt es nicht, dass die Stadt über eine Vielzahl an hippen Bars und Lokalen, aber auch über eine durchaus lebendige Club- und Discoszene verfügt.

Nachtleben

Die Gegenden mit den „kürzesten Nächten" – aber trotzdem Ü30-tauglich – sind in erster Linie das sogenannte „Bermudadreick" rund um den **Glockenspielplatz** ⓭, der **Karmeliter-** ❼ und der **Freiheitsplatz** ❽, Teile der südlichen Innenstadt rund um den **Jakominiplatz** ⓱, die Gassen um den **Mariahilferplatz** ⓴, aber auch das – wenn auch eher bei Jüngeren beliebte – **Universitätsviertel** ㉓ (speziell in den Bereichen der Elisabethstraße und der Zinzendorfgasse).

045gr-dk

Bars und Szenelokale

66 [C4] **Citypeach,** Erzherzog-Johann-Brücke, Tel. 0699 17331117, Ende Mai bis Mitte Sept. Mi–Sa 17–23 Uhr. In der warmen Jahreszeit kann man hier am Murufer unterhalb der Erzherzog-Johann-Brücke bei kalten Getränken und coolen Sounds perfekt den Sommer zelebrieren.

67 [F3] **Cohibar,** Leonhardstraße 3, Tel. 0316 337470, www.cohibar.at, Mo–Sa 17–2 Uhr. Köstliche Cocktails und lateinamerikanische Rhythmen – sonntags ab 20 Uhr sogar Livemusik – machen die Cohibar zu einer angesagten Adresse für alle Fernwehgeplagten.

68 [C5] **Die Beate,** Griesgasse 34, www.facebook.com/diePetzi, Do–Sa 20–2 Uhr. Möchte man in Graz von einer Kultbar sprechen, dann ist das zweifelsohne Die Beate. Besonders sind hier die ausgelassene Stimmung und das Angebot an Whisk(e)ys.

A Krügerl, a Glaserl, a Tröpferl …

Bierliebhaber haben in den meisten Grazer Lokalen die Qual der Wahl zwischen einem Seiterl (0,3 Liter) oder einem Krügerl (0,5 Liter) der steirischen Sorten **Gösser, Puntigamer, Murauer** oder seltener **Reininghaus** und **Schladminger.** Unter den Hochprozentigen ist besonders der **Zirbenschnaps** zu erwähnen, der aus den Zapfen der Zirbelkiefer gewonnen wird. Doch die meisten Österreicherinnen und Österreicher lieben ganz besonders ihre heimischen **Weine** und mit einer Rebfläche von knapp 4240 ha und über 300 Weinhauern (so nennt man hier die Winzer) stellt die Steiermark den drittgrößten Weinproduzenten des Landes dar.

Man unterscheidet drei Weingebiete im Rahmen der Herkunftsbezeichnung **DAC (Districtus Austriae Controllatus)**, nämlich das sog. **Vulkanland** zwischen Hartberg, Fürstenfeld, Bad Radkersburg und Klöch im Südosten des Bundeslandes, die **Südsteiermark** zwischen Sausal und Leibnitz unweit der slowenischen Grenze sowie das **weststeirische Hügelland** zwischen Deutschlandsberg und Ligist. Die wichtigsten Rebsorten sind bei den fast ausschließlich trockenen Weißweinen der süffige **Welschriesling** und der charaktervolle **Weißburgunder,** aber auch der würzige **Sauvignon Blanc,** der aromatische **Gelbe Muskateller** oder der Bouquet-reiche **Morillon** (anderswo Chardonnay genannt).

Bei den roten Rebsorten dominieren der **Blaue Wildbacher** (weststeirische Schilchertraube), der **Zweigelt** und der wirklich authentisch steirische **Laska,** ein fruchtiger Tischwein mit hellrubinroter Farbe. Auch nur hier gibt es den **Schilcher** genannten Rosé, der ebenso aus der Blauen Wildbacher Rebe gewonnen und im Frühstadium seiner Gärung bereits als **Sturm** (Federweißer) angeboten wird.

À propos Gärung: Bei der jährlichen Weintaufe rund um den Martinitag am 11. November bekommt der Jungwein den Segen und meist auch einen klingenden Namen. Bis zu diesem Datum heißt der ungefilterte Wein **Staubiger,** der ausschließlich mit „Mahlzeit!“ und nicht mit „Prost!“ getrunken, aber nicht angestoßen werden darf. Erst nach der Taufe wird der Staubige zum Heurigen (d. h. diesjähriger Wein) bzw. im konkreten Fall der Steiermark – ähnlich des Beaujolais Nouveau – zum **Junker,** einem meist aus fünf Weißweinsorten gekelterten Cuvée.

Man bestellt offene Weine in Österreich übrigens als Achtel (1/8 Li-

69 [B3] **Die Scherbe,** Stockergasse 2, Tel. 0316 760654, www.scherbe.com, Mo–Sa 9–1, So 9–24 Uhr. Mitten im hippen Lendviertel befindet sich diese cooltrendige Gastro-Bar, die nicht nur Anlaufpunkt für hungrige Mägen und durstige Kehlen ist, sondern auch für zappelige Füße, denn von Do bis Sa finden im Keller ab 18 Uhr diverse Happenings mit Livemusik und DJs statt. Ideal zum Chillen und Abfeiern gleichermaßen.

ter) oder Viertel (1/4 Liter) – pur oder auch als **weißen Spritzer** (Weißweinschorle mit Soda) oder **weiße Mischung** (Weißweinschorle mit Mineralwasser). Die stilvollste Art und Weise, in den Genuss der regionalen Tropfen, inklusive der Jungweine, zu kommen, ist der Besuch eines sogenannten **Buschenschanks,** also eines meist einfachen Lokals, in dem neben Weinen auch kleine Imbisse in Form von Speck, Schinken, Käse und eingelegtem Gemüse angeboten werden. Da sich diese auch **Heurigenlokale** genannten Schenken außerhalb der Stadt befinden und sie meist nur saisonal geöffnet haben, sollte man sich im Vorfeld über die Website www.buschenschank.at erkundigen. Empfehlenswerte Adressen in Graz und Umgebung sind:

75 [df] **Buschenschank Erart** €, Unterer Plattenweg 76, Tel. 0316 391709, www.buschenschank.at/Graz/Buschenschank-Erart

76 [B5] **Buschenschank Hildebrand 1888** €, Grenadiergasse 15, Tel. 0650 2030950, www.weingut-hildebrand.at/buschenschank

77 **Heurigenschenke Sattler** €, Rohrbachhöhe 20, Tel. 0316 39102110, https://heurigenschenke-sattler.at

70 [D4] **Dreizehn,** Franziskanerplatz 13, Tel. 0316 838567, www.home.dreizehnbygauster.at, Mo–Sa 11.30–24 Uhr. Diese nette Mischung aus Café und Bar mit Küche befindet sich direkt auf dem Franziskanerplatz und gilt als Treffpunkt der In-Szene. An sonnigen Tagen werden auch vor dem Lokal Stühle und Tische aufgebaut. Neben Getränken gibt es auch Speisen und man kann frühstücken.

71 [C4] **Flann O'Brien,** Paradeisgasse 1, Tel. 0316 829620, www.flannobrien.eu, Mo–Do 11–1, Fr, Sa 11–2, So 17–24 Uhr. Der beste irische Pub der Stadt mit rund 70 Whisk(e)y- und fast 30 Bier-Sorten. Man sitzt entweder im gemütlichen Innenbereich oder im reizenden Gastgarten und auch Hungergeplagte kommen bei dem reichen Angebot an kleinen Snacks oder üppigen Gerichten nicht zu kurz.

72 [E4] **Glockenspiel,** Glockenspielplatz 4, Tel. 0664 2428893, www.glockenspiel.at, Mo, Di 8–22, Mi, Do 8–23, Fr, Sa 9–2, So 10–22 Uhr. Als Warm-up-Location kann es kaum eine Bar mit dem Glockenspiel aufnehmen, denn hier ist man gegen Abend mitten im Geschehen. Der Außenbereich auf dem Glockenspielplatz ist aufgrund von Heizstrahlern auch an kühlen Tagen empfehlenswert und die Caipirinha und der Mojito machen süchtig! Vormittags gibt es ein reiches Frühstücksangebot.

73 [E3] **Parkhouse,** Stadtpark 2, Tel. 0316 811326, www.parkhouse.at, Nov-Feb Fr, Sa 21–4, März–Okt tägl. 10–4 Uhr. Das Parkhouse ist aufgrund seiner ausgelassenen Stimmung konkurrenzlos in Graz. Ob im Frühling oder Sommer tagsüber auf einen Kaffee in der Sonne oder abends zum Clubbing mit DJ oder Livemusik, diese Location sollte man nicht verpassen!

74 [C3] **Rangoon,** Mariahilferstraße 15, Tel. 0664 99961545, www.rangoongraz.at, Mi, Do 17–1, Fr, Sa 17–3 Uhr. In dieser kleinen Cocktailbar mitten im Lendviertel sind die Drinks wahre Kunstwerke, die nicht nur mit Professionalität, sondern auch viel Liebe zubereitet werden. Ideal, um dem Sightseeingtrubel mal für ein paar Stunden zu entfliehen.

78 [E4] **Royal Garden Jazz Club,** Bürgergasse 4, Tel. 0664 3505100, www.royalgarden.at. Seit 1981 befindet sich im Kellergewölbe aus dem 15. Jahrhundert der Traditions-Jazzclub der Stadt. In toller Atmosphäre lassen sich hier fantastische Klänge mit leckeren Getränken verbinden. Das Programm sollte der Website entnommen werden.

79 [D3] **Seasons Bar,** Karmeliterplatz 8, Tel. 0660 8146389, www.facebook.com/seasons.graz, Di 14–0.30, Mi, Sa 14–1, Do, Fr 17–1, So 14–24 Uhr. Mitten am entspannten Karmeliterplatz befindet sich diese cool-trendige Bar mit gemütlichem Gastgarten, in der besonders die Auswahl an fruchtigen Bowle-Variationen außergewöhnlich ist.

Smoker's Guide

In Österreich gilt ein allgemeines Nichtraucherschutzgesetz, das in allen geschlossenen Räumen – also auch in Restaurants, Bars und anderen Lokalen – das Rauchen verbietet.

Alkohol in der Öffentlichkeit

Die Stadtverwaltung hat ein **Verbot des Trinkens von alkoholischen Getränken in der Öffentlichkeit** unter anderem am Hauptplatz 1 ausgesprochen. Dieses gilt aber ausdrücklich nicht für den Konsum in Gastgärten, bei temporären oder dauerhaften Verkaufsständen oder bei bestimmten Veranstaltungen.

80 [C2] **SKYBAR,** Am Schloßberg 7, Tel. 0316 840000, www.schlossberggraz.at, Fr 17–2, Sa 11–2, So 15–20 Uhr. Oben auf dem Schloßberg, hoch über den Dächern der Stadt, befindet sich die extravagante SKYBAR mit dem ultimativen Rundblick über Graz und seine Umgebung. Zum Sonnenuntergang besonders romantisch! Die Bar gehört zum edlen Schloßberg Restaurant (Küche Mi, Do 17–24, Fr, Sa 11–24, So 11–17 Uhr). Es gibt auch einen saisonal geöffneten Biergarten.

81 [D3] **Stern,** Sporgasse 38, Tel. 0676 7213734, www.sternbargraz.at, tägl. ab 14 bis Open End. Am oberen Ende der Sporgasse findet man dieses Lokal mit angeschlossenem Gastgarten, guter Küche, einer Auswahl an rund 200 Cocktails und einer angenehm relaxten Atmosphäre – besonders als Warm-up-Location empfehlenswert.

82 [E7] **Tick Tack,** Maygasse 12, Tel. 0677 61072392, Di, Mi, Do 15–24, Fr, Sa 15–2 Uhr. Das Mekka der Hardrock- und Heavy-Metal-Fans. Das Tick Tack bezeichnet sich selbst als die härteste Bar der Stadt und bietet neben Musik auch riesige Portionen an Burgern und Grilltellern.

83 [D4] **Weinbar Klapotetz,** Herrengasse 9, Tel. 0316 820888, http://klapo.at, Mo–Fr 11–22 und Sa 11–18 Uhr. In dieser Weinbar im Innenhof des Stadtpalais Breuner steht ein Sortiment von über 80 Weiß- und Rotweinen zur Verfügung, von denen immer rund 15 ausgewählte Weine offen ausgeschenkt werden.

Die Kasematten auf dem Schloßberg 5 sind die optimale Location für Livekonzerte

Livemusik, Clubs und Discos

Wem nach Liveacts oder Tanzen ist, der sollte die ein oder andere angesagte Adresse der folgenden Liste frequentieren. Die Eintrittspreise bewegen sich maximal zwischen 5 und 15 € und in den studentischen Clubs sind die Getränkepreise entsprechend günstig.

84 [F5] **Die Thalia,** Opernring 5a, Tel. 0660 7522450, www.facebook.com/DieThalia, Fr, Sa 21–5 Uhr (Abweichungen je nach Programm). Ob zu lateinamerikanischen Klängen oder zu Motto-Partys mit Black, House oder Dance Classics, Die Thalia ist seit vielen Jahren ein echter Szenetreff und im Unterschied zu vielen anderen Adressen der Stadt verhältnismäßig exklusiv.

85 [D2] **Dom im Berg,** Schloßbergplatz 1, Tel. 0316 80089000, https://spielstaetten.buehnen-graz.com/grazer-spielstaetten/dom-im-berg, Öffnungszeiten je nach Veranstaltung. Mit einer Gesamtfläche von 733 m² und einer Höhe von stattlichen 11 m gehört dieser Konzertsaal inmitten des Schloßbergs zu den eindrucksvollsten seiner Art. Er bietet Raum für die vielfältigsten Veranstaltungen von Konzerten bis zu diversen Disco-Events, wobei die oftmals stattfindenden Techno- und House-Clubbings – vorwiegend junges (18–25 Jahre) Publikum – hier kultverdächtig sind. Mehr Informationen zum Programm gibt es über www.facebook.com/domimberg.

86 [bh] **Explosiv,** Bahnhofgürtel 55a, Tel. 0676 3478024, www.explosiv.at, je nach Veranstaltung 22–4 Uhr. Das Explosiv ist ein Jugendkulturzentrum mit erstaunlich abwechslungsreichen Events, darunter viel für junges und studentisches Publikum wie Konzerte lokaler Bands und diverse Partys.

87 [E4] **Hasenstall,** Glockenspielplatz 5, Tel. 0664 9209957, Mi–Sa 20–7 Uhr. Nein, als edel kann man den Hasenstall wirklich nicht bezeichnen, vielmehr handelt es sich dabei um ein etwas verwegenes Partylokal mitten im lebendigen Bermudadreieck. Auf dem Programm steht vorrangig Schlagerpartymusik und das Publikum ist gemischt. Kaum zum (nüchternen) „Vorglühen" geeignet.

88 [G3] **Kulturhauskeller,** Elisabethstraße 30, Tel. 0664 18140444, Mi, Fr, Sa 22–6 Uhr. Mitten im Univiertel befindet sich dieses Zwischending aus Disco und Barlandschaft (auf drei Ebenen), das wegen seiner Musikmischung, der Steinofenpizza und der günstigen Getränke-

046gr-dk

preise besonders bei den Jüngeren der Stadt total angesagt ist! Bis 23 Uhr ist der Eintritt frei.

89 [E5] **Mausefalle,** Girardigasse 1/ Ecke Opernring, Tel. 0664 1561979, https://de-de.facebook.com/MausefalleGraz, Mo, Fr, Sa 22–5 Uhr. Nach dem Motto „Rein ins Vergnügen" feiert man in der urig-geselligen Mausefalle im musikalischen Geiste der 1980er- und 1990er-Jahre. Neben dem „Discostadl" gibt es das ebenfalls dazugehörige Lotus Club im zweiten Stock, in dem vorrangig House und R'n'B aufgelegt wird.

90 [C3] **Miles,** Mariahilferstraße 24, Tel. 0699 10510047, www.milesjazz.at, Mi–Sa 19–2 Uhr. Das Miles ist die unangefochten beste Jazzbar der Stadt mit Musik „aus der Konserve", aber auch häufig Live Gigs. Außerdem ist die Getränkekarte nicht zu verachten, weshalb viele Stammgäste hier immer wieder gern einkehren.

91 [F6] **Music-House,** Mondscheingasse 9, Tel. 0316 832316, www.facebook.com/MusicHouseGraz/info, Mi–Sa 21–5 Uhr. Ob Rock, Pop, House, Soul, Dance oder Livemusik von lokalen Bands, das Music-House ist eine beliebte Adresse – speziell unter Studenten – für alternativ angehauchte Nächte.

92 [B6] **Postgarage,** Dreihackengasse 42, Tel. 0316 722937, www.postgarage.at, je nach Veranstaltung 20–4 Uhr. Die alternative Livebühne der Stadt mit Konzerten, Lesungen und allerlei anderen Happenings auf zwei Etagen. Freitags und samstags gibt es oft Disco mit elektronischer Musik, Techno, Techhouse, Minimal, Drum 'n' Bass, jedoch liegt der Schwerpunkt auf unkonventioneller Musik mit einem Hang zu Indie-, Abstract- und Improklängen.

93 [B2] **PPC,** Neubaugasse 6, Tel. 0316 81414133, http://popculture.at, je nach Veranstaltung 22–4 Uhr. Ein bewährter Oldtimer der Grazer Nachtszene. Hier finden häufig Livekonzerte aus dem Genre Popmusik statt, außerdem freitags und samstags auch Tanzveranstaltungen wie die beliebte Bad-Taste-Party.

94 [F5] **Q,** Luthergasse 4, Tel. 0676 6266990, www.facebook.com/ClubQGraz, Di–Sa 22–6 Uhr. Seit Anfang der 1980er-Jahre ist das legendäre Q nicht nur in Graz, sondern österreichweit einer der angesagtesten Clubs und Konzert-Locations in Sachen Heavy Metal, Hardrock, Gothic und Punk. Das Ambiente ist lässig und die Getränke sind günstig. Es gibt eine Happy Hour von 22 bis 24 Uhr).

95 [E6] **Stockwerk Jazz,** Jakominiplatz 18, Tel. 0316 821433, 0676 3159551, www.stockwerkjazz.mur.at. Wenn es in Graz um Livejazz geht, dann ist das Stockwerk definitiv eine Topadresse. In dem Konzertsaal in der Innenstadt standen schon zahlreiche nationale und internationale Größen auf der Bühne.

96 [C2] **SUb,** Kaiser-Franz-Josef-Kai 66, http://subsubsub.at. In diesem alternativen Veranstaltungszentrum finden linkspolitische Events mit wechselndem Programm statt, darunter vorrangig Musikkonzerte und Partys, aber auch Lesungen, Vorträge, Diskussionen, Workshops, etc.

Theater, Kino, Tanz und Konzerte

Graz, die ehemalige Kulturhauptstadt, lockt nach wie vor musik-, schauspiel- und tanzinteressierte Besucher aus ganz Europa. Tickets können direkt bei den jeweiligen Etablissements gekauft werden (meist auch online oder telefonisch, Bezahlung per Kreditkarte) oder über https://ticketzentrum.buehnen-graz.com bzw. das Ticketzentrum im Opernhaus Graz **18** (Tel. 0316 8000, Mo–Fr 9–16, Sa 9–13 Uhr geöffnet).

97 [ci] **ARTist's,** Schützgasse 16, Tel. 0650 3476900, https://art.ists.at. Hier stehen spartenübergreifende Kulturprojekte auf dem Programm, bei denen verschiedene Genres und Kunstformen in äußerst experimentierfreudigen Performances verbunden werden.Spannend!

98 [B3] **Das andere Theater,** Orpheumgasse 11, Tel. 0316 720216, www.dasanderetheater.at. Dieses von den Freien Grazer Theaterschaffenden gegründete Haus hat sich unter der Maxime „nichtinstitutionalisiertes Theater" einem vielfältigen Programm von Sprech-, Tanz-, Musik-, bis zu Kinder- und Jugendtheater verschrieben und bietet damit Alternativen zu den etablierten Adressen der Stadt.

99 [E3] **Forum Stadtpark,** Stadtpark 1, Tel. 0316 827734, https://forumstadtpark.at. Das Forum Stadtpark ist ein Produktions- und Präsentationsort für zeitgenössische Kunst mit verschiedensten Veranstaltungen aus den Bereichen Musik, Theater, Performance, Film u. a. Wer am Puls der Grazer Künstlerszene horchen möchte, der tut gut daran, hier anzufangen. Im Keller des Gebäudes befindet sich außerdem eine dazugehörige Veranstaltungs-Location, in der jeden Samstag und manchmal auch freitags verschiedene Events rund um die Themen Literatur, Livemusik u.v.a. stattfinden.

100 [G7] **Komödie Graz,** Münzgrabenstraße 36, Tel. 0664 5369770, www.komoedie-graz.at. Wie der Name verrät, geht es hier um „gute Unterhaltung". Die gebotenen Boulevardstücke sind besonders für ein Publikum reiferen Alters konzipiert und ein Grundwissen an österreichischen Sprachkenntnissen ist hilfreich.

101 [bg] **Kristallwerk,** Viktor-Franz-Straße 9, Tel. 0316 720216, www.kristallwerk.at. Als eine der namhaftesten Adressen der Grazer offSZENE liegt hier der Schwerpunkt auf Produktionen aus den Sparten Tanz, Performance und Musiktheater, aber auch Aufführungen aus dem Bereich Kabarett, diverse Konzerte, Kunstausstellungen und Filmaufführungen stehen auf dem Programm.

Das Schauspielhaus 9

080gr-dk

102 [D5] **Musikverein Graz,** Sparkassenplatz 2, Tel. 0316 822455, https://musikverein-graz.at. Der renommierte Konzertveranstalter hat hochkarätige internationale klassische Künstler im Programm.

18 [F5] **Opernhaus Graz.** Das Grazer Opernhaus bietet klassische Interpretationen berühmter Opern und das bei durchweg brillanter Besetzung. Reservierung unbedingt empfehlenswert!

9 [E3] **Schauspielhaus.** Das Traditionshaus und gleichzeitig größte Sprechtheater der Stadt verfügt über einen eindrucksvollen Zuschauerraum, der seitlich von Logen eingefasst ist. Das Schauspielhaus hat vor allem klassische und zeitgenössische Stücke auf dem Programm, jedoch meist in Form moderner, durchaus unkonventioneller Inszenierungen. Neben der Hauptbühne gibt es auch die sogenannte „Probebühne" und die nochmals kleinere „Ebene 3".

103 [E4] **Schubert Kino,** Mehlplatz 2, Tel. 0316 829081, https://schubertkino.at. Das kleine, aber feine Schubert Kino auf dem Mehlplatz besteht seit 1923 und zeigt eine ausgewogene Auswahl an anspruchsvollen Arthouse-Filmen und so manchem Blockbuster.

Steirischer Herbst

Bei diesem auch überregional bekannten Festival sind alle Sparten der Kunst vertreten. Benannt ist es nach einem Gedicht des steirischen Lyrikers Alois Hergouth (1925–2002) und es entstand ursprünglich kurz nach dem Zweiten Weltkrieg, als Graz Besatzungszone war, auf Initiative der britischen Verwaltung. In den frühen 1960er-Jahren wurden weitere Kulturinitiativen wie die „Steirische Akademie", die Dreiländerausstellung „trigon" und die Konzertreihe „Musikprotokoll" angegliedert, um diese Kulturveranstaltungen noch attraktiver zu machen. Man holte dazu u. a. so berühmte Persönlichkeiten wie Elias Canetti und Theodor Adorno in die Stadt. Im Jahr 1968 wurde diese geballte Kulturkraft zum ersten Mal unter das Leitwort „Steirischer Herbst" gestellt und bei diesem Namen ist es bis heute geblieben.

Das Grazer Kulturpublikum war in den Anfangsjahren von dem bunten Gemisch kultureller Aktivitäten nicht durchweg begeistert und häufige kritische Bemerkungen der geladenen Künstler führten regelmäßig zu polemischen Artikeln in der Presse und sogar zu tätlichen Auseinandersetzungen.

Ab Anfang der 1970er-Jahre wurde das programmatische Konzept auf das Moderne in allen Ausformungen der Kunst begrenzt. Ernst Jandl, Herbert Achternbusch oder Samuel Beckett schrieben für das Festival Auftragswerke, genauso wie im musikalischen Bereich Hans Werner Henze und György Ligeti. Zahlreiche junge Komponisten fanden hier ihre ersten Auftrittsmöglichkeiten vor großem Publikum und mediale Resonanz. Auch heimische Künstler wie Gerhard Roth und Wolfgang Bauer wurden gefördert. Den letzten großen Eklat gab es im Jahre 1988, als man an die faschistischen Sympathisanten in Graz vor dem Einmarsch Hitlers erinnerte und dies zu einem Brandanschlag auf eines der Kunstobjekte am Eisernen Tor führte.

Der Steirische Herbst findet jährlich von Ende September bis Mitte Oktober statt.

› Infos: www.steirischerherbst.at

Beliebt ist auch das dazugehörige Café (s. S. 76).

104 [bg] **Theater am Lend,** Wiener Straße 58a, 0664 8443599, www.theateram lend.at. Schwerpunkt sind hier zeitgenössische, kontroverse und kritische Stücke, die neben einfacher Unterhaltung auch zum Nachdenken anregen sollen.

105 [G5] **Theatercafé,** Mandellstraße 11, Tel. 0316 825365, http://hinwider.com. Die Kleinkunstbühne Hin & Wider im Theatercafé ist eine Grazer Institution, wo bereits diverse berühmte österreichische Kabarettisten wie Otto Grünmandl, Andreas Vitasek, Josef Hader oder Roland Düringer auf der Bühne standen. Wer etwas für diese Art der Unterhaltung übrig hat, macht hier nichts verkehrt!

106 [A5] **Theater im Bahnhof,** Elisabethinergasse 27 a, Tel. 0316 763620, www.theater-im-bahnhof.com. Das Theater im Bahnhof ist kein Theater im klassischen Sinn, sondern ein professionelles freies Theaterensemble, das unter der Leitung von Ed Hauswirth Stücke aufführt, die sich nach eigener Definition mit österreichischer Identität zwischen Tradition und Pop auseinandersetzen und dabei durchaus radikal-politisch sind. Gespielt wird an verschiedenen Locations, dabei oftmals auch improvisiert im Freien. Definitiv sehenswert!

107 [G7] **Theater im Keller,** Münzgrabenstraße 35, 0316 834583, www.tik-graz.at. Die Underground-Bühne der Stadt setzt den Schwerpunkt auf unbekannte Stücke von aufstrebenden Autoren. Somit überwiegen hier durchaus unkonventionelle Inszenierungen und eine Vielzahl an Ur- oder Erstaufführungen.

Graz zum Stöbern und Shoppen

Die Haupteinkaufszone der Stadt erstreckt sich zuallererst über die **Herrengasse** (14), aber auch über die angrenzenden Gassen wie die **Stempfergasse** [D/E4], die **Sporgasse** (6), die **Sackstraße** (3) und die parallel verlaufende **Schmiedgasse** [D4/5]. Hier sind Shoppingfreuden vom Feinsten garantiert, wenn auch zu verhältnismäßig hohen Preisen.

Alternativer und damit auch etwas günstiger geht es jenseits der Mur zu, und zwar um den **Südtiroler Platz** [C4] und in der **Mariahilferstraße** [C3/4]. Beliebt – wenn auch **nicht** unbedingt edel – sind zudem die **Annenstraße** [A/B4], die **Jakoministraße** [E6] und die **Klosterwiesgasse** [E5/6] mit ausgefallenen Boutiquen und Geschäften.

Kaufhäuser und Shoppingcenter

108 [D4] **Kastner & Öhler,** Sackstraße 7, www.kastner-oehler.at. Mit über 20.000 m² Verkaufsfläche und über 50 Designer-Outlets auf sechs Stockwerken

047gr-dk

Da bleibt kein Wunsch offen – Shopping bei Kastner & Öhler

Shoppingareale

Die wichtigsten Shoppingbereiche der Stadt sind im Kartenmaterial mit einer rötlichen Fläche markiert.

stellt das renommierte Kaufhaus Kastner & Öhler mode- und einkaufstechnisch den absoluten Fixstern am Grazer Shopping-Himmel dar.

109 [dj] **Murpark,** Ostbahnstraße 3, www.murpark.at, Haltestelle Liebenau/Murpark, Straßenbahnlinie 4. Der Murpark ist das wohl interessanteste Shoppingcenter von Graz. Er erstreckt sich über zwei Etagen und bietet über 80 Geschäften und Restaurants Platz. Da er komplett überdacht ist, bietet er besonders bei schlechtem Wetter eine sinnvolle Alternative zur Innenstadt. Wer mit dem Auto anreist, der hat hier eine praktische Park-and-Ride-Anbindung (s. S. 113).

Mode und Accessoires

Junge Mode findet man in Form von kultigen Designerboutiquen in der gesamten Innenstadt, speziell in der Stempfergasse und der Schmiedgasse, aber auch im Umkreis der Jakoministraße. Und beim Thema Trachten ist Graz ein echter Hit!

110 [D5] **Gössl,** Schmiedgasse 14. Ob Lodenmäntel, Dirndl oder Lederhose – bei Gössl bietet Renate Kraft exklusiv-traditionelle Trachtenmode in einer Vielfalt, die ihresgleichen sucht.

111 [D5] **Knilli,** Joanneumring 9. Das beliebte Modehaus Knilli ist außer für konventionelles Fashiondesign für Sie und Ihn auch eine beliebte Adresse für Handtaschen und diverse andere Accessoires.

112 [E5] **Lena Hoschek,** Joanneumring 3. Hinreißend ausgefallene, aber durchaus tragbare Petticoats im Stil der 1950er- und 1960er-Jahre mit einem Hauch Dirndl von einer der namhaftesten österreichischen Designerinnen. Dass das seinen Preis hat, versteht sich von selbst!

113 [E4] **Magazzin,** Bürgergasse 9. Wirklich nicht überall zu findende Kreationen, z. B. von Bands of L.A., Canada Goose, Christopher Raeburn, Ina Kent oder MM6. Wer das „Outfit der speziellen Art" sucht, ist hier gut beraten.

114 [E3] **S'finks,** Freiheitsplatz 1. Käme Aschenputtel nach Graz, würde sie zweifelsohne bei S'finks einkaufen, denn das Mekka der Ballkleider ist weiß Gott wie aus einem Märchen!

115 [D4] **Schuhfabrik Ludwig Reiter,** Sackstraße 12. Die Grazer Filiale der mittlerweile auch in Deutschland und der Schweiz bekannten Wiener Schuhfabrikanten Ludwig Reiter. Die besondere Tradition des Hauses ist die Erzeugung rahmengenähter Schuhe im klassischen Stil.

116 [C3] **Stajan,** Sackstraße 22. Bei Stajan kreiert man einen eigenen Modestil, der sich durch die Synthese von habsburgisch inspirierter Haute Couture und Trend auszeichnet. Unbedingt sehenswert!

117 [D3] **Steirisches Heimatwerk,** Sporgasse 23. Wer ein Fan von typisch steirischer Volkskultur in Form von – nach Regionen sortierten – Trachtendesigns, aber auch von Kunsthandwerklichem ist, der macht im Steirischen Heimatwerk nichts verkehrt. Zwar nicht billig, aber dafür qualitativ äußerst hochwertig!

118 [D5] **Trachten-Seidl,** Schmiedgasse 13–15. Noch ein Trachtenshop? Ja, doch steht hier das Unkonventionelle im Vordergrund. Wer also weg von alpenländischem Mainstream will, der tut gut daran, bei Trachten-Seidl anzufangen.

119 [D4] **Vogue Johan,** Stempfergasse 9. Kultig cooles Designergeschäft mit Haute Couture (darunter Jil Sander, Gucci, Prada u. v. a.), aber auch ausgefallenen Kreationen für die Dame und den Herren.

Bücher und Musik

120 [E4] **Bücherstube Angelika Schimunek,** Prokopigasse 16. Nein, das größte Buchgeschäft der Stadt ist es definitiv nicht, dafür aber das charmanteste. Wer sich für Kunst oder Literatur österreichischer Autoren interessiert, der wird hier nicht enttäuscht.

122 [D5] **Inandout Records,** Neutorgasse 47. Die erste Adresse in Bezug auf Vinyl in der Stadt bietet Re-Issues ebenso wie gebrauchte LPs und CDs primär aus Rock, Pop und Jazz.

123 [E5] **Moser/Morawa,** Am Eisernen Tor 1. Die wohl beste Buchhandlung der Stadt hat auf drei Etagen neben internationaler Presse eine reiche Regionalia-Abteilung mit denkbar viel zu Graz und Umgebung, aber auch sonst so ziemlich alles, was das Leserherz auf einer Reise begehren könnte. Und auch ein nettes Café befindet sich hier.

124 [F6] **SparBuch,** Münzgrabenstraße 15. Dieses Antiquariat ist zehn Gehminuten vom Jakominiplatz entfernt und bietet eine riesige Auswahl an gebrauchten Büchern aller Sparten. Das Geschäft ist buchstäblich vom Boden bis zur Decke gefüllt und man bewegt sich auf schmalen Gängen durch die Bücherberge. Ein Eldorado für Lesefreaks.

Antiquitäten und Galerien

Graz hat sich das Label „Design" groß auf die Fahnen geschrieben und mit einer Vielzahl an Galerien kann man die Stadt an der Mur ganz und gar als innovative Kunstmetropole bezeichnen. Wer also Lust hat, einen Blick auf örtliche Kunst zu werfen, der wird bei den folgenden Adressen sicher nicht enttäuscht.

Wer mehr erfahren möchte, findet auf der Website www.aktuelle-kunst-graz.at detaillierte Informationen zu allen Galerien und deren Ausstellungen.

MEIN TIPP

Keine Angst vor Volksmusik!

Wer sich für die volksmusikalische Seele der Steiermark interessiert, der sollte dem **Steirischen Volksliedwerk** einen Besuch abstatten. Neben einer anständigen Auswahl an CDs lokaler Künstlerinnen und Künstler gibt es hier auch Informationen zu allerlei Programm, darunter Tageskurse wie „Wandern & Jodeln", „Zither und Hackbrett für Neugierige" oder „Gstanzlschmiede – Einführung in die steirische Liedtradition". Ganz bestimmt ein Blick über den touristischen Tellerrand! Die angebotenen Kurse sind kostenpflichtig (ab 12 €) und eine Reservierung im Vorfeld wird empfohlen.

•**128** [D3] **Steirisches Volksliedwerk,** Sporgasse 23, www.steirisches-volksliedwerk.at, Tel. 0316 908635

125 [E4] **art moments,** Burggasse 16, Tel. 0664 1000171, https://artmoments.at. Diese Galerie widmet sich in erster Linie Malereien der Pop-Art und des Neo-Pop.

126 [E5] **Dorotheum,** Jakominiplatz 8, www.dorotheum.com. Ob zum Mitbieten oder einfach nur, um die beeindruckende Stimmung dieses großen Auktionshauses zu erleben, ein Besuch im Dorotheum ist immer spannend. Zumal die diversen zu versteigernden Gegenstände im Vorfeld im Geschäft in Augenschein genommen werden können.

127 [E5] **Galerie Leonhard,** Opernring 7, Tel. 0316 384537, www.galerie-leonhard.at. Wechselnde Ausstellungen spannender Werke österreichischer und internationaler zeitgenössischer sowie der klassischen Künstler.

129 [C4] **Gallery Lendnine,** Lendkai 9, Tel. 0650 2002980, http://lendnine.

at. Eine experimentelle Adresse jenseits der Mur, wo es spannende Malerei von Nachwuchskünstlerinnen und -künstlern zu bestaunen gibt.

130 [D4] **Reinisch Contemporary,** Hauptplatz 6, Tel. 0316 810110, www.reinisch-graz.com. Hier gibt es Kunst von österreichischen und internationalen Talenten in Form von Malerei, Fotografien, Teppichen und Skulpturen. Seit über 30 Jahren eine der besten Adressen der Stadt.

131 [B4] **rotor,** Volksgartenstraße 6a, Tel. 0316 688306, http://rotor.mur.at. Bei rotor handelt es sich nicht nur um eine Galerie für bildende Kunst, sondern um einen besonders sozialpolitisch engagierten Kunstverein, in dem neben Ausstellungen bei freiem Eintritt praktisch täglich interessante Aktivitäten stattfinden.

Souvenirs und Geschenke

132 [D4] **Konrad & Fink,** Herrengasse 13. Möbel, Polstermöbel und Wohnaccessoires designt von Künstlern der Neuen Wiener Werkstætten.

133 [C4] **Kunsthaus Shop,** Mariahilferstraße 2–4. Nicht unbedingt edle, dafür fantastisch witzige Geschenkideen und natürlich die Kataloge der laufenden Ausstellungen werden im Shop des Kunsthauses 19 angeboten.

134 [dg] **Lederleitner,** Hilmteichstrasse 70. Im Hilmteichschlössl befindet sich dieses bemerkenswerte Geschäft, auf dessen mehr als 1000 m² eine ständig wachsende Auswahl an Gartenmöbeln, Büchern, Schnittblumen und Topfpflanzen, aber auch kleineren, geschenkähnlichen Accessoires verkauft wird. Hervorragende Beratung!

135 [D3] **Les Editions Artfabriek,** Sporgasse 34. In der Artfabriek bekommt man Editionsdrucke zeitgenössischer Künstler, aber auch Reproduktionsdrucke – auf Anfrage in verschiedenen Größen – von Werken des 15. bis 19. Jahrhunderts.

136 [D4] **MacShirty,** Landhausgasse 2. Hier gibt es nicht nur lustige T-Shirts und Taschen, sondern auch eine Vielzahl an liebreizenden anderen Dingen, von denen man erst weiß, wie sehr sie einem gefehlt haben, wenn man sie besitzt.

137 [E4] **MuR,** Enge Gasse 3. Das definitiv kreativste Souvenirgeschäft der Stadt, mit kultigen Mitbringseln, darunter viel Modernes, aber auch zahlreiche Raritäten. Wer sucht, der findet!

138 [C4] **Samen Köller,** Südtirolerplatz 1. In diesem kleinen, mit Schubladenschränken vollgeräumten Laden blühen (Hobby-)Gärtner im wahrsten Sinne des Wortes auf, denn hier gibt es Saatgut einer schier unbeschreiblich großen Menge an Pflanzen und Kräutern. Darunter auch viel Einheimisches. Sehenswert!

139 [F2] **Wunderkammer,** Glacisstraße 19. Ein Paradies für Sammler alter Gegenstände ist dieses Geschäft. Neben historischen Postkarten, LPs, alten Fotoapparaten und Blechspielzeug gibt es auch Designertaschen der Marke Freitag.

Lebensmittel und Süßes

Hier finden sich allerlei Leckerbissen und die für Österreich so bekannten Süßigkeiten wie Pralinen, Konfekt, Torten oder sonstige zuckersüße Mehlspeisen.

140 [D5] **Feinkost Mild,** Stubenberggasse 7. Als eines der letzten traditionellen Feinkostgeschäfte in der Innenstadt bietet Feinkost Mild eine kleine, aber feine Auswahl an wahrlich Unwiderstehlichem in Sachen Delikatessen. Als echter Hit gilt der zarte Schweinsbraten!

141 [E5] **Ferdinand Haller,** Herrengasse 23. Die Patisseriekunst der „Alten Schule" ist hier immer noch lebendig.

Besonders begehrt sind die unzähligen Konfektsorten, Pralinés, Bonbons und Fruchtgummis. Aber man bietet auch Dekorations- und Geschenkartikel sowie Schmuck und Accessoires.

142 [D3] **k. u. k. Hofbäckerei Edegger-Tax,** Hofgasse 6, www.hofbaeckerei.at. Semmel (Brötchen), Kipferl (Hörnchen) oder Salzstangerl, das ultimative Backwerk-Mekka der Stadt ist Kult und bietet Tradition seit 1569. In Sachen Qualität ist es dabei nach wie vor unübertroffen. Wen nicht der Hunger treibt, der sollte die wunderschöne Holzfassade bestaunen.

143 [C4] **Käse Nussbaumer,** Paradeisgasse 1. Das Schlemmerschlaraffenland schlechthin. Ob edle Käsesorten, Trüffel, Weine, Spirituosen oder andere exquisite Delikatessen, hier geht einem das Herz auf ...

144 [C4] **Linzbichler,** Franziskanerplatz 16, https://linzbichler-schoko.at. Linzbichler ist noch eine echte Süßwarenhandlung mit Zuckerln und Pralinen wie zu Großmutters Zeiten, darunter auch eine eindrucksvolle Anzahl an edlen Schokoladekreationen aus aller Herren Länder und der steirischen Schokomanufaktur Zotter (www.zotter.at), die ihr Werk in Riegersburg südöstlich von Graz hat.

145 [D4] **Martin Auer,** Hauptplatz 12, www.martinauer.at. Nach dem Leitspruch „handmade happiness" bekommt man in der Bäckerei-Kette ein ausgesprochen vielfältiges Angebot an Backwaren aller Art. Außerdem gibt es Frühstücksmenüs und kleine Snacks für zwischendurch. Neben dem Hauptgeschäft beim Hauptplatz gibt es in der gesamten Stadt zahlreiche Filialen.

146 [D5] **Mészáros,** Jungferngasse 2. Macarons und ungarische Torten kann weit und breit keiner besser als diese sich selbst als Dessert Boutique bezeichnende Kalorienwerkstatt. Prädikat *nagyon finom* („sehr köstlich")!

147 [D4] **'s Fachl,** Herrengasse 13 (im Innenhof). Steirischer Whisky, Kernöllikör oder Schilchermarmelade gefällig? Kein Problem, denn bei 's Fachl gibt es garantiert originelle Geschenkideen. Und dabei stammen alle Zutaten aus der Genussregion Steiermark.

148 [E5] **Stadtbauernladen** ✿, Hamerlinggasse 3. Ob Kürbiskernöl, Wein, Edelbrände, Käse oder Vulkanland-Schinken – feinste steirische Spezialitäten direkt vom Bauern gibt es hier im Foyer der Landwirtschaftskammer. Garantiert echt Einheimisches!

Leckermäuler und Fotografen lieben sie gleichermaßen: die k. u. k. Hofbäckerei Edegger-Tax

094gr-dk

Wein, Bier und Spirituosen

149 [C5] **Der Steirer Shop,** Belgiergasse 1. Der ultimative Shop für alles, was kulinarisch mit der Steiermark zu tun hat. Ob erlesene Weine, delikate Öle oder geröstete Kürbiskerne in unterschiedlichen Variationen, dieses Geschäft sollte man auf keinen Fall verpassen!

150 [bh] **Franz Bauer,** Prankergasse 29–31, www.bauerspirits.at. Edle Schnäpse und Liköre gibt es im Shop der Destillerie Franz Bauer, in der übrigens auch Führungen angeboten werden (10 € pro Person).

151 [F3] **Kohlbacher,** Leonhardstrasse 3. Kurz und knapp: Das Kohlbacher ist die wohl bestsortierte Vinothek der Stadt. Hier bekommt man alle Topweine der Steiermark, aber auch aus anderen Regionen Österreichs sowie aus Frankreich und Italien.

152 [cj] **Puntigamer Brauerei,** Triester Straße 357–359, Tel. 0316 297100, www.puntigamer.at. Die Puntigamer Brauerei hat im Süden der Stadt ihre Produktionsstätte, in deren Shop man nicht nur den Gerstensaft in allen Variationen, sondern auch diverse Merchandising-Artikel kaufen kann. Zudem werden Führungen angeboten und im angeschlossenen Brauhaus mit Biergarten gibt es lokale Spezialitäten in bester Qualität.

153 [D6] **Wein & Co,** Joanneumring 13. Die Grazer Filiale der beliebten, auf Wein spezialisierten Supermarktkette bietet ein umfassendes Angebot an österreichischen und internationalen Weinen, die man auch an der Weinbar konsumieren kann. Da Wein & Co sieben Tage pro Woche von 10 bis 24 Uhr geöffnet hat, ist dies auch die optimale Adresse für ein „Verlegenheitsmitbringsel" kurz vor der Heimfahrt.

Kaffee und Tee

154 [D5] **Buna Coffee Roasters,** Joanneumring 16. In dieser Kaffeerösterei kann man nicht nur das Pulver der Glückseligkeit kaufen, sondern auch alles Mögliche darüber erfahren, denn die Baristi bieten Verkostungen und Kurse für perfekte Kaffeezubereitung an – Infos unter www.buna.at.

155 [D4] **Heissenberger,** Hauptplatz 6. Ein Teekontor, wo man zahlreiche Sorten in Augenschein nehmen kann. Auch die Kaffeeauswahl ist groß und das angeschlossene Café ist zur Degustation vor Ort geeignet.

Auch in Graz erfreuen sich Flohmärkte größter Beliebtheit

156 [E5] **tribeka (1),** Kaiserfeldgasse 6. Die lokale Antwort auf amerikanische Coffee-Franchise-Ketten. Den starken Espresso (als eigene Marke geröstet) kann man auch im Café vor Ort genießen und sich dabei mit Muffins oder Brownies stärken. Weitere Filialen, u. a.:

157 [C4] **tribeka (2),** Grieskai 2

Märkte

Seit 2008 führt Graz den offiziellen Titel GenussHauptstadt (s. S. 72), nicht nur weil hier grundsätzlich auf regionale Produkte gesetzt wird, sondern auch weil es hier mit 800(!) Stadtbauern die meisten aller österreichischen Gemeinden gibt und zusätzlich eine rekordverdächtig hohe Frequenz von Markttagen!

158 [cg] **Flohmarkt,** am Hasnerplatz. Jeden ersten Samstag im Monat findet in der Zeit von 8 bis 14 Uhr der für Schnäppchenjäger lohnenswerteste Flohmarkt von Graz statt. Es gibt alles von Textilien bis zu Antiquitäten.

159 [F5] **Markt am Kaiser-Josef-Platz**, Mo–Sa 6–13 Uhr. Der schönste und traditionsreichste Bauernmarkt (ausschließlich mit lokalen Produkten) der Stadt mit allerlei Ständen für frisches Obst und Gemüse, Fleisch, Säfte und natürlich Kernöl. Es gibt aber auch reichlich andere Stände, von denen folgende sehens- und einkaufenswert sind: für Fisch Sofisch, für Öle, Obstler, Essig und sogar Kosmetik Julia Jeschecks „Wilde Genüsse", für Biologisches das Natureck und speziell für Käse die Kasalm. Doch auch eine rege Gastronomieszene findet sich hier, z. B. das Stand'l für Getränke und den kleinen Imbiss zwischendurch, das Buongiorno für italienische Spezialitäten, das Edler zum Verweilen auf der Sonnenterrasse. Und wem nach Steak oder Burger ist, der sollte bei Kaiser's Smoked BBQ eine Pause einlegen!

Meine Tipps

Kulinarische Mitbringsel

Zu den namhaftesten regionalen Produkten – die sich in den meisten Fällen auch gut als Mitbringsel eignen – sei hier zuerst das nussige, dunkelgrüne **Kernöl** empfohlen, das in der Steiermark v. a. zum Anmachen von Salaten wie dem **Grazer Krauthäuptel** verwendet wird. Fleischesser werden den köstlichen **Speck des Turopoljeschweins** oder den herzhaften **Vulkanland-Schinken** lieben, zu dem perfekt etwas geriebener **steirischer Kren** (Meerrettich) passt.

Nicht nur Mäuse schwören seit jeher auf den **Murtaler Steirerkäse,** einen würzigen festen Kochkäse mit Kümmel, und den aus Sauermilch gemachten, äußerst mageren **Steirerkas** aus dem Ennstal, der in seiner bröseligen Variante über Käsenockerl (ähnlich den schwäbischen Spätzle) gestreut wird. Ganz gewaltig stolz sind die Steirer außerdem auf ihre **Kriacherl** (Mirabellen) und **Äpfel,** die sich entweder roh oder in Form von Saft, Most, Likör oder Marmelade größter Beliebtheit erfreuen.

Shop 'n' Stop

Im obersten Stockwerk des Kaufhauses Kastner & Öhler (s. S. 85) sei erschöpften Shoppern das **Café Freiblick** (s. S. 76) mit Terrasse und Panoramablick über die Altstadt und auf den Schloßberg empfohlen, und wer den Lederleitner (s. S. 88) am Hilmteich besucht, kann im angeschlossenen Café Purberg eine gastronomische Verschnaufpause einlegen.

› **Markt auf dem Lendplatz** 22, Mo–Sa 6–13 Uhr. Kleiner, aber durchaus nicht zu verachtender Markt, der vielleicht gerade dadurch besticht, dass er so normal unexaltiert ist. Die meisten der fest installierten Stände beherbergen nette Lokale.

Graz zum Durchatmen

Graz ist eine grüne Stadt, denn sie verfügt über zahlreiche Parks und Grünanlagen, einen botanischen Garten und die Mur, deren Ufer immer für ein Sonnenbad geeignet sind.

•160 [dg] **Botanischer Garten**, Schubertstraße 59, Haltestelle Hilmteich/Botanischer Garten, Straßenbahn 1, http://garten.uni-graz.at, Öffnungszeiten: tägl. 8–14.30 Uhr (15.5.–15.9. tägl. 8–16.30 Uhr), kostenfrei. Nordöstlich der Inneren Stadt und unweit des Hilmteichs (siehe rechts) liegt der Botanische Garten der Karl-Franzens-Universität, der der Unterstützung von Lehre und Forschung am Institut für Botanik dient und in architektonisch eindrucksvollen Gewächshäusern und in einem Außenbereich verschiedene Arten von Freilandpflanzen aus drei Klimazonen – alle beschildert, katalogisiert und erforscht – präsentiert.

•161 [F3] **Burggarten,** tägl. 8–19 Uhr (im Winter nur über den Burghof zugänglich), kostenfrei. Diese Parkanlage hinter dem Sitz der Landesregierung und leicht erhöht südlich des Stadtparks gelegen, eignet sich vor allem von Frühling bis Herbst dazu, sich von den Strapazen des Stadtbummels nahe der Stadtkrone zu erholen, denn der großzügig angelegte Burggarten bietet durch seine Grünfläche ein Stückchen „grüne Lunge" nur einen Steinwurf von der Inneren Stadt entfernt. Zu den Highlights gehört die ehemalige Orangerie, die für Veranstaltungen und Empfänge aller Art genutzt wird. Erwähnt sei auch das Künstlerhaus (s. S. 65), das sich südlich des Gartens befindet.

•162 [dg] **Hilmteich,** Hilmteichstraße 70, Haltestelle Hilmteich/Botanischer Gar-

Der Stadtparkbrunnen (s. S. 94) mit dem „Rostigen Nagel" – ideal für einen entspannten Sommertag

Luxus hinter Bäumen – der Schlosspark Eggenberg 27

ten, Straßenbahn 1, keine Öffnungszeiten, kostenfrei. Ein beliebtes Ausflugsziel im Nordosten der Stadt. Ursprünglich war der Teich eine Lehmgrube für ein Ziegelwerk, wurde aber ab Mitte des 19. Jahrhunderts als Naherholungsgebiet am Rand des Leechwalds angelegt. Das hiesige Hilmteichschlössl beherbergt neben dem trendigen Lifestyle-Geschäft Lederleitner (s. S. 88) auch das entspannte Café Purberg. Aktive Besucher haben im Sommer die Wahl, sich ein Boot zu leihen oder den Hochseilgarten (Hilmteichstraße 110a, Tel. 0664 5262288, www.kletterwald-graz.at) zu besuchen. Und im Winter verwandelt sich der Teich bei entsprechender Witterung in einen Eislaufplatz. Ab hier führt auch der sog. **Roseggerweg** in ca. zwei Stunden (5,5 km) bis zur gewaltigen Basilika Mariatrost 24. Er ist bis zur Hilmwarte als Mariazellerweg (Nummer 706) ausgeschildert.

› **Murufer.** Die Mur entspringt südöstlich des Murtörls (2260 m) im Nationalpark Hohe Tauern im Salzburger Lungau auf einer Höhe von 1898 m und fließt als Hauptfluss weiter durch die Steiermark. In Graz befindet sich an ihren Ufern ein ausgedehntes Naherholungsgebiet, dessen Wege zu endlosen Spaziergängen und zum Fahrradfahren einladen. Der Großteil dieses Gebiets ist verkehrsberuhigt und man findet ausgewiesene Radwege wie den Murradweg R2 in Richtung Norden (nach Gratkorn, Deutschfeistritz und Frohnleiten) oder Richtung Süden (nach Feldkirchen, Karlsdorf und Wildon). Mehr Informationen findet man auf www.steiermark.com/de/Steiermark/Aktiv-in-der-Natur/Rad-Bike/Murradweg oder bei der Touristeninformation der Stadt Graz (s. S. 116).

› **Schlosspark Eggenberg** 27, tägl. 8–17 Uhr (Mitte März–Okt. 8–19 Uhr), Eintritt 2 €, ermäßigt 1 €. Der großzügige Park des Schlosses Eggenberg ist ein absolutes Kleinod unter den Grünflächen der Stadt und lädt gegen ein kleines Entgelt auch Nicht-Schloss-Besucher zum Sauerstofftanken ein. Man schlendert hier durch üppige Wiesen und kann u. a. den romantischen Rosenhügel oder den bezaubernden Planetengarten besuchen.

051gr-dk

Zwischen Frühling und Herbst bevölkern auch zahlreiche freilaufende Pfauen das Areal und auch ein Café fehlt nicht.

•163 [C7] **Städtischer Augarten,** kostenfrei. Der weitläufige, unweit des Murufers gelegene Augarten stellt wegen seiner großen Rasenflächen und des durch Hecken abgetrennten Spielbereichs gerade bei jüngeren Grazerinnen und Grazern wohl den beliebtesten Park der Stadt dar. Hier ist im Sommer immer etwas los, denn es ist wahrlich ein Vergnügen, in dem weitschweifigen, von Schatten spendenden Bäumen durchzogenen Gebiet zu verweilen und auszuruhen bzw. sich sportlich zu betätigen. Ganz besonders populär ist das im Süden des Parks befindliche Augarten-Freibad (Grazer Schönaugürtel 1, Tel. 0316 887792, www.holding-graz.at/de/freizeit/augartenbad, Eintritt 7,90 €, ermäßigt 4,30 €).

•164 [E3] **Stadtpark,** kostenfrei. Die Parkanlage wurde auf Initiative des damaligen Bürgermeisters Moritz Ritter von Franck 1872 auf der Fläche des Glacis (also dort, wo früher der Wehrgraben lag) vor der ehemaligen Stadtmauer fertiggestellt und erfreut sich seither bei der Grazer Öffentlichkeit größter Beliebtheit. Der Park eignet sich vor allem von Frühling bis Herbst dazu, sich von den Strapazen des Stadtbummels zu erholen, denn durch seine Wiesenflächen bietet er ein Stückchen erfrischendes Grün im nordöstlichen Teil der Inneren Stadt. Besonders Kinder werden den Stadtpark wegen seines Abenteuerspielplatzes lieben und aufmerksame Besucher werden die Büsten großer Steirer wie Robert Stolz, Peter Rosegger, Robert Hamerling oder Johannes Kepler bzw. die der Styria, geschaffen von Hans Brandstetter, entdecken. Den Mittelpunkt der Parkanlage bildet der Stadtparkbrunnen, in dessen Becken sich acht wassergespeiste Bronzefiguren befinden. In unmittelbarer Nähe vom Brunnen befinden sich das Forum Stadtpark (s. S. 83) und der 1985 von Serge Spitzer entworfene überdimensionale „Rostige Nagel“, der sich bei zahlreichen Einwohnern immer noch nicht brennender Beliebtheit erfreut. Anders steht es hingegen um den klassizistischen Musikpavillon, in dem an warmen Tagen ab und zu Konzerte stattfinden.

•165 [A3] **Volksgarten,** kostenfrei. Der unscheinbarste Park der Stadt befindet sich links der Mur zwischen Lendplatz (22) und Hauptbahnhof. Spannend ist hier v. a. das Nebeneinander diverser Stammbesucher, vom Skater über die Pensionisten bis hin zu den Kleinen, die den Spielplatz genießen. Vielleicht liegt es ja an der Friedensstupa, die 1998 vom Dalai Lama persönlich eingeweiht wurde, dass sich im Volksgarten alle wohlfühlen, inklusive der Enten auf dem Teich.

MEIN TIPP

Graz für Morgenmuffel

Die diversen **Parks, Garten- und Grünanlagen** der Stadt bieten selbst in der Hauptsaison, sprich bei strahlendem Sonnenschein und angenehm warmen Temperaturen immer ein Fleckchen, wo man ungestört ein Nickerchen machen oder ungeniert ein Sonnenbad nehmen kann. Extrem relaxend, wenn auch nicht im Grünen, sind außerdem die **Betonliegesofas** im Innenhof des Joanneumsviertels (16), auf denen man einfach nur liegen und entspannen kann. Und was tun bei schlechtem Wetter? Erraten, die praktisch allgegenwärtigen **Cafés** (s. S. 76) erlauben auch dem menschenfeindlichsten Morgenmuffel in Ruhe seinen Kaffee samt Zeitung zu genießen.

> *In Graz ist das nächste Volksfest nie weit!*

052gr-dk

Zur richtigen Zeit am richtigen Ort

Es gibt glücklicherweise keine „beste" Zeit, um Graz zu besuchen, denn an der Mur hat jede Jahreszeit ihre besonderen Reize. Natürlich sind der Frühling und der Sommer für die meisten Gäste aufgrund der vielen Betätigungsfelder im Freien Favorit, aber auch der Herbst strahlt eine meist zauberhafte Atmosphäre aus. Wenn es kühler wird, ist das die perfekte Jahreszeit für ausgiebige Museums- und Theaterbesuche, Konzerte und für kulinarisch hochwertige Genüsse in den Lokalen der Stadt. Sogar der oft kalte Winter hat seine positiven Seiten, denn dann wird in Graz kräftig gefeiert. Aktuelle Informationen zu Veranstaltungen gibt es unter https://events.at/was-ist-los-in-graz.

Januar, Februar, März

› Anfang Januar beginnt der Hochbetrieb der **Grazer Ballsaison** (www.ballkalender.cc/graz.php, „Steiermark" auswählen). Diese startet zwar – wie andernorts der Karneval – offiziell am 11.11., hat aber ihre Hauptbälle erst im Januar und Februar. Höhepunkte sind u. a. der Schloßbergball, der gesellschaftlich nicht unumstrittene, da sehr elitäre Opernredoutenball und der Steirische Bauernbundball.

› Mitte/Ende Februar findet der **Tuntenball** (www.tuntenball.at) im Congress statt, ein Charity-Event für Toleranz und Offenheit, organisiert von den RosaLila PantherInnen (s. S. 118), der schwul-lesbischen Arbeitsgemeinschaft der Steiermark.

- **Il Ballo di Casanova** (www.ilballodicasanova.at), ein venezianischer Maskenball, der den Abschluss des Faschings markiert, fällt meist auf Ende Februar.
- Gewöhnlich Ende März/Anfang April wird das **Diagonale** (www.diagonale.at) genannte österreichische Filmfestival abgehalten, bei dem vorrangig neue nationale Produktionen in den Festivalkinos präsentiert werden. Es gibt auch ein umfangreiches Rahmenprogramm.

April, Mai, Juni

- Zu **Ostern** verkaufen Kunsthandwerker am Hauptplatz 1, Franziskanerplatz 2 und Tummelplatz ihre Waren und es gibt Köstlichkeiten passend zur Saison. Das **Festival Psalm** (http://styriarte.com) widmet sich etwa zur gleichen Zeit spiritueller Musik aus praktisch allen Kulturkreisen und Epochen.
- Am 1. Mai findet in den Ortschaften rund um Graz das traditionelle **Maibaumstellen** statt. Wirklich sehenswert ist es unter anderem im Freilichtmuseum Stübing 31, wo es mit reichlich regionalem Zusatzprogramm kombiniert wird.
- Anfang Mai feiert man rechts der Mur zwischen dem Südtiroler Platz und dem Lendplatz das alternative **Stadtteilfest Lendwirbel** (www.lendwirbel.at) mit Streetart in Form von Performances, Musik, Tanz u. v. m.
- Der Monat Mai steht auch im Zeichen des **Designs** (**Designmonat Graz,** www.designmonat.at). An verschiedensten Standorten werden innovative Projekte aus diesem Bereich gezeigt.
- An mehreren Orten der Stadt treten meist in der zweiten Maiwoche Erzählkünstler aus aller Welt beim **Storytelling Festival grazERZÄHLT** (www.storytellingfestival.at) auf.
- Ende Mai ist beim **springfestival** (https://springfestival.at), dem wichtigsten Event der elektronischen Musik an der Mur, in den angesagten Locations der Stadt nicht nur dezibelmäßig enorm was los!
- Anfang/Mitte Juni sind sportlich Begeisterte gefragt, denn die Stadt Graz stellt ihnen beim **E-Grazathlon** (https://beatthecity.at/grazathlon) auf einem 10 Kilometer langen Parcours durch die Grazer Innenstadt 16 Hindernisse zur Verfügung.

053gr-dk

- Mitte Juni stellt der **CSD-Tag** im Volksgarten (s. S. 94) das größte Event des Jahres für Schwule und Lesben mit reichlich Musik- und Showprogramm dar.
- Meist in der ersten oder zweiten Juniwoche ermöglichen in der **Langen Nacht der Kirchen** viele Grazer Gotteshäuser – darunter z. B. die Leechkirche im Universitätsviertel 23 – einen ungewöhnlichen Zugang (www.langenachtderkirchen.at/dioezesen-seiten/steiermark/home).
- Ab Mitte/Ende Juni finden vier Wochen lang die **styriarte** (http://styriarte.com) genannten Festspiele klassischer und alter Musik statt – immer mit einem wechselnden Motto.

Feiertage

- 1.1. Neujahr
- 6.1. Heilige Drei Könige
- Ostermontag
- 1.5. Tag der Arbeit
- Christi Himmelfahrt
- Pfingstmontag
- Fronleichnam
- 15.8. Mariä Himmelfahrt
- 26.10. Österreichischer Nationalfeiertag
- 1.11. Allerheiligen
- 8.12. Mariä Empfängnis
- 25. und 26.12. Weihnachten

Juli, August, September

- Im Juli und August gibt es während des **Jazz-Sommer-Festivals** auf der Kasematten-Bühne Konzerte internationaler Jazz-Größen und Graz wird dabei seinem Ruf als Jazz-Hauptstadt Österreichs gerecht!
- Wer sich für A-Cappella-Musik interessiert, der sollte das **vokal.total Festival** – meist über fünf Tage Mitte Juli – besuchen (www.vokaltotal.at).
- Ende Juli bevölkern Straßenkünstler für eine Woche die Stadt. An diversen Standorten wird dann beim **Festival La Strada** (www.lastrada.at) Figuren- und Maskentheater präsentiert.
- Mitte August findet das einwöchige **Food Festival Graz** mit diversen Events und Happenings statt. Der Höhepunkt ist die sogenannte **Lange Tafel**, bei der etwa 700–750 Menschen in festlicher Atmosphäre auf dem Hauptplatz 1 speisen.
- Anfang/Mitte September werden Produktionen der freien Theater bei **BESToffStyria** (www.theaterland.at) präsentiert und es wird der steirische Theaterpreis vergeben.
- Mitte September steht Graz zwei Tage lang im Zeichen der steirischen Volkskultur. Beim **Aufsteirern** (https://aufsteirern.at) genannten Fest finden sich über die ganze Innenstadt verteilt Events, bei denen Trachten und Volksmusik angesagt sind.
- Ab der dritten Septemberwoche dreht sich in der ganzen Steiermark, aber speziell in Graz, beim **Steirischen Herbst** (www.steirischerherbst.at) genannten Avantgarde-Festival alles um das Thema zeitgenössische Kunst. Egal, ob Musik, Performance, Tanz, Theater, Literatur, Architektur, Neue Medien o. ä. – der Steirische Herbst bietet an zahlreichen Standorten drei Wochen lang Kultur vom Feinsten.

Oktober, November, Dezember

- Anfang Oktober initiiert der ORF die **Lange Nacht der Museen**, bei der die Ausstellungshäuser und Galerien von 18 bis 1 Uhr für kulturinteressierte Nachtschwärmer ihre Tore öffnen (https://langenacht.orf.at/state/bl/steiermark).

‹ Studentische Burschenschaften sind in Graz bei katholischen Prozessionen allgegenwärtig

- Etwa in der ersten oder zweiten Oktoberwoche laufen in Graz beim **Stadtmarathon** durchschnittlich mehr als 10.000 Menschen um die Wette (weitere Infos, auch zur Anmeldung, unter www.graz marathon.at).
- Anfang/Mitte Oktober stellt die **Grazer Herbstmesse** (https://mcg.at/events/grazerherbstmesse) den Höhepunkt für an den Themen Handwerk und Design, aber auch Wohnen und Genuss Interessierte dar. Begleitet wird die Messe von zahlreichen zusätzlichen Veranstaltungen, gastronomischen Angeboten, einem Vergnügungspark u. a.
- Ende Oktober gibt es beim **Elevate** eine spannende Mischung aus Vorträgen und zeitgenössischer Musik in und rund um den Schloßberg 5 (https://elevate.at).
- Etwa in der zweiten Novemberwoche steht die Stadt beim **Mountainfilm Graz** im Zeichen des Films (https://mountain film.com).
- In der Adventszeit ist Graz von etlichen **Christkindlmärkten** (www.graztourismus.at/advent/de) übersät, darunter viele in der Innenstadt. Sehenswert sind außerdem die Eiskrippe im Innenhof des Landhauses 15 und der illuminierte Christbaum auf dem Hauptplatz 1.

„Dober dan, Gradec!" – Slowenisches Graz

Etwa im 6. Jahrhundert wanderten slawische Völker als Untertanen der Awaren in das dünn bewohnte Gebiet der Ostalpen ein und besiedelten unter anderem auch die Flusstäler der Steiermark. Es entwickelte sich das Fürstentum Karantanien mit seinem Zentrum Karnburg am Zollfeld, das von Osttirol und Kärnten bis in die Steiermark, nach Niederösterreich und den Nordosten des heutigen Slowenien reichte. Später erst fielen Bayern und Franken ein und christianisierten die ansässigen Slawen. Es folgten verschiedene Fürstengeschlechter, bis 1379 die Habsburger von Graz aus Innerösterreich regierten. Das in den folgenden Jahrhunderten entstehende Reich wuchs stetig und war multiethnisch geprägt. Auch das Gebiet Innerösterreichs verfügte über zahlreiche Sprachgruppen, inklusive derer der Slowenen.

Das Ende der Habsburgermonarchie führte zum Auseinanderbrechen des Österreich-Ungarischen Kaiserreiches und im Friedensvertrag von Saint-Germain-en-Laye bestimmte man, dass die Untersteiermark (das Gebiet zwischen der unteren Mur und der oberen Save) dem neu geschaffenen jugoslawischen Staat zugesprochen würde. Die von Jugoslawien ebenfalls beanspruchten Gebiete um Radkersburg, Leutschach und Soboth verblieben bei Österreich.

Bis heute leben dort und anderswo in der Steiermark – inklusive Graz – kleine slowenisch sprechende Minderheiten, auch wenn diese im Unterschied zum Bundesland Kärnten (wo der Streit über zweisprachige Ortstafeln bis auf Bundesebene ausgetragen wurde) äußerst zurückhaltend mit ihrer Identität umgehen. Mit der Unabhängigkeit Sloweniens 1991 stieg auch das Selbstbewusstsein der in der Steiermark lebenden Minderheit. Slowenisch-sprachige Steirer treffen sich in diversen Kulturvereinen und ihre Muttersprache wird als Wahlfach an Schulen angeboten.

Wer sich für slowenische Kultur in der Steiermark interessiert, dem dient der Artikel-VII-Kulturverein für die Steiermark – das Pavelhaus (www.pavelhaus.at) als erste Anlaufstelle.

GRAZ VERSTEHEN

055gr-dk

Wien, Salzburg, Innsbruck heißt das touristische Pflichtprogramm für das Gros der Österreichbesucher, wenn sie nicht ohnedies nur zum Wandern oder Skifahren in die Alpenrepublik strömen. Graz hingegen ist den wenigsten ein Begriff, und das völlig zu Unrecht, stellt Österreichs zweitgrößte Stadt doch manch andere europäische Touristenhochburg gehörig in den Schatten. Die Grazer Innenstadt ist ein Juwel der Renaissance und des Barock, das Angebot an guter Küche ist schlichtweg überbordend und das kulturelle Leben überraschend vielfältig. Warum kommen dann aber relativ wenige Gäste in die Metropole an der Mur? Nun, es liegt wohl v. a. an der geographischen Lage im äußersten Südosten des Landes, dass man nicht einfach mal eben so hier vorbeikommt. Wer Graz besucht, tut dies ganz explizit und das belohnt die Stadt mit ihrem Charme, ihrer südlichen Lebensfreude und ihrem sensationellen Angebot an Sehenswürdigkeiten. Kein Wunder also, dass viele Grazbesucher häufig „Wiederholungstäter“ sind.

Graz – ein Porträt

Graz blickt auf stattliche **5000 Jahre Siedlungsgeschichte** zurück. Dies dürfte insbesondere an seiner geschützten Lage entlang der **Mur** und am **Ostrand der Alpen** im **Grazer Becken** liegen. Umrahmt wird die Stadt im Westen vom Plabutsch (754 m) und dem Buchkogel (656 m), im Norden von der Hohen Rannach (1018 m) und der Platte (651 m) sowie im Osten vom oststeirischen Hügelland.

Nach Süden geöffnet, ist das Grazer Becken klimatisch begünstigt. In Verbindung mit äußerst nährreichen Böden ist damit das gesamte Gebiet für eine **landwirtschaftliche Nutzung** geradezu ideal geeignet. Entsprechend war die hiesige Gegend bereits in der römischen Kaiserzeit eine dicht besiedelte Agrarlandschaft, in der sich verschiedene Handelswege

◁ *Vorseite: Stumme Zeugen einer wilden Vergangenheit – Rüstungen im Landeszeughaus* 15

kreuzten. Auch heute noch ist Graz eine wichtige österreichische und gesamteuropäische **Verkehrsdrehscheibe**, wo sich die Südautobahn A2 von Ost nach West und die Pyhrn-Autobahn A9 – die Graz westlich im Plabutschtunnel umfährt – von Nord nach Süd treffen. Doch Verkehrslärm und Asphalt sind an der Mur die Ausnahme, immerhin ist die Umgebung der Stadt weitestgehend bezaubernd und es gibt schier unendlich viele Möglichkeiten, die Natur zu genießen. Auch Graz selbst ist äußerst grün, ist doch nur ein relativ kleiner Anteil der knapp 128 km² großen Fläche des Stadtgebiets verbaut. So machen **Parks, Gärten** (auch die der zahlreichen Einfamilienhäuser) und **Gartenanlagen** stolze 70 % der Gesamtfläche aus und der schützende Grüngürtel – zu dem das Gebiet um den angesprochenen Plabutsch und die Platte sowie der Leechwald gehören – nimmt den kompletten westlichen, nördlichen und östlichen Stadtrand ein.

Erfreulich ist zusätzlich, dass die Stadt einer verhältnismäßig **geringen Umweltbelastung** ausgesetzt ist, die Ozon-Werte meist niedrig sind und das hiesige Leitungswasser naturbelassen und von ausgezeichneter Trinkqualität ist. Nur in den Wintermonaten kommt es häufig zu einer sog. Inversionswetterlage (hierbei sind die oberen Luftschichten wärmer als die unteren), die einen Luftaustausch im Grazer Becken verhindert und folglich zu Smog und einer recht hohen Feinstaubbelastung führt.

Die **Landeshauptstadt des Bundeslands Steiermark** ist auch als

KURZ & KNAPP

Graz in Zahlen

- **Gegründet:** 1128 (erste urkundliche Erwähnung)
- **Einwohner:** 298.500
- **Einwohner/km²:** 2340
- **Fläche:** 127,57 km²
- **Höhe ü. M.:** 353 m

Panoramablick über Graz

056gr ©Yury Gubin, stock.adobe.com

057gr-dk

Wohnort sehr beliebt und mit etwa 298.500 Einwohnern die zweitgrößte Stadt Österreichs. Im Großraum Graz leben gut 645.000 Menschen, was ihn nach Wien und Linz zur drittgrößten Metropolregion des Landes macht und dabei sogar den am schnellsten wachsenden Ballungsraum Österreichs darstellt.

Graz liegt an beiden Seiten der Mur und unterteilt sich in **17 Bezirke.** Der I. Bezirk ist dabei die Innere Stadt am östlichen Flussufer und wird ansonsten durch die Wickenburggasse, den Glacis, den Jakominiplatz und die Radetzkystraße begrenzt. Umliegend befinden sich entgegen dem Uhrzeigersinn die Bezirke St. Leonhard (II.), Geidorf (III.), Lend (IV.), Gries (V.) und Jakomini (VI.). Die restlichen elf Bezirke bilden den äußeren Ring der Stadt und sind wiederum von Süden ausgehend um die anderen Bezirke angeordnet.

Wer Graz besucht, sollte dies vor allem wegen dessen **grandioser Architektur** tun. Die Stilepochen der Gotik, der Renaissance, des Barock und Rokoko, des Klassizismus und der Moderne haben beachtliche Spuren in der Stadt hinterlassen und es ist eine wahre Wonne, sich bei einem Spaziergang auf eine bauliche Zeitreise zu begeben.

Aber auch in Graz ist nicht alles rosarot! Zwar wirken das Zentrum und Teile der äußeren Stadt wie eine **aufpolierte Pralinenschachtel** und schnell mag man den Eindruck gewinnen, dass die Stadtverwaltung enorm viel für den Altstadtkern tut. Doch wer die **traditionellen Arbeiterbezirke** wie Lend, Gries, Eggenberg, Puntigam oder Wetzelsdorf besucht, findet immer noch häufig baufällige Häuser entlang weitestgehend unattraktiver Straßenzüge oder anonyme Neubausiedlungen ohne Flair und Charme, die nicht selten **ziemlich vernachlässigt** wirken.

Ganz anders sieht es hingegen in der Kulturszene aus, denn seit Graz 2003 **Europäische Kulturhauptstadt** war, sind die Anforderungen hoch. Es bleibt also zu hoffen, dass sich Graz durch die bis dato gute Symbiose von Magistrat und Kunstschaffenden in den folgenden Jahren weiterhin baulich wandeln und damit das Image als **innovative Kulturmetropole** auch im architektonischen Sinne fortsetzen kann!

⌃ Wo die Jungfrau Maria steht, befand sich früher die Stadtmauer – das Eiserne Tor (s. S. 36)

› Der flammenspeiende Panther auf grünem Untergrund – das Wappen der Steiermark

Von den Anfängen bis zur Gegenwart

Die Geschichte von Graz und Österreich war von Beginn an ein Wechselspiel zwischen Einflüssen aus dem Westen, also durch die Germanen und später die Deutschen, auf der einen und aus dem Osten kommenden Völkern wie Slawen und Ungarn auf der anderen Seite.

Die Vorchristliche und Römische Zeit

ab 3000 v. Chr. Erste Besiedlung des Grazer Beckens während der Kupfersteinzeit

ab 400 v. Chr. Kelten bevölkern die Steiermark.

15 v. Chr. Das keltische Königreich Noricum schließt sich dem Römischen Reich an.

50 n. Chr. Eine römische Siedlung wird in etwa dort gebaut, wo heute der Flughafen Graz-Thalerhof steht.

bis 426 Markomannen und Westgoten vertreiben die Römer.

Die Völkerwanderung, Franken und Bayern

ab dem 6. Jh. Wirren der Völkerwanderung – Slawen und Awaren gründen das Fürstentum Karantanien mitsamt der Steiermark, Kärnten, Teilen Osttirols und der Krain (das heutige Zentralslowenien), später Bau der ersten Burg (namens *gradec*) auf dem Schloßberg.

Ab dem 8. Jh. Der Bayernherzog Tassilo III. christianisiert das Gebiet um Graz.

955 Otto I., der spätere Kaiser des Heiligen Römischen Reiches, schlägt in der Schlacht auf dem Lechfeld die Ungarn. Franken und Bayern besiedeln die südliche Steiermark entlang der Mur.

970–1122 Herrschaft der Markgrafengeschlechter der Eppensteiner und später der Lambacher. Etwa im Jahr 1000 werden die Leechkirche und kurz darauf die Burg Gösting errichtet.

1122–1186 Herrschaft der Traungauer. Graz wird 1128 erstmalig urkundlich erwähnt und erhält um 1160 einen Markt – etwa dort, wo heute der Hauptplatz liegt.

1180 Die Steiermark wird unter Kaiser Friedrich Barbarossa zum Herzogtum.

1186 Die Babenberger übernehmen durch einen Erbvertrag die Macht über die Steiermark, Graz bekommt drei Jahre später das Stadtrecht.

13. Jh. Graz erhält ein Wappen und eine Stadtmauer.

Protestanten, Pest und Türkenkriege

1278 Schlacht auf dem Marchfeld zwischen dem Babenbergerkönig Ottokar II. von Böhmen und Rudolf I. von Habsburg. Die Habsburgerherrschaft beginnt.

1379 Graz wird Residenzstadt der Habsburger. Von hier aus regieren sie Innerösterreich.

058gr

1452–1493 Unter Friedrich III. erlebt Graz seine erste Blüte und ist de facto Regierungssitz des Heiligen Römischen Reiches deutscher Nation. In der Stadt leben etwa 5000 Menschen.

ab dem 15. Jh. Verstärkter Zuzug von italienischen Baumeistern, Bildhauern und Malern, aber auch anderer Kunstschaffender. Der mediterran geprägte Stil der Stadt entsteht. Durch die Reformation wird Graz die erste mehrheitlich protestantische Stadt des Habsburgerreichs.

ca. 1529–1532 Türkenkriege – zwar marschieren die Türken nicht in Graz ein, doch sie brennen einige Vororte nieder.

1564–1590 In der Regierungszeit des Erzherzogs Karl II. wird die Gegenreformation vorangetrieben, der Dom wird ausgebaut.

ab 1551 Graz wird aufgerüstet, die Waffen lagern an den Stadttoren. 1560 bekommt der Uhrturm sein heutiges Aussehen.

059gr

1585 Die Universität wird gegründet.

1618–1648 Wirren des Dreißigjährigen Krieges ausgelöst durch den Aufstand der Böhmen gegen den in Graz geborenen Kaiser des Heiligen Römischen Reiches Ferdinand II. Der Hofstaat zieht 1619 nach Wien um, ab 1642 werden die Waffen im Landeszeughaus deponiert.

1625 Hans Ulrich von Eggenberg wird „Gubernator“ (eine Art Statthalter) von Innerösterreich. Er baut das Schloss Eggenberg.

1683 Pestepidemie mit ca. 3500 Toten in der Stadt

Das Großreich der Habsburger entsteht

ab 1683 Militärische Erfolge der Habsburger unter Prinz Eugen von Savoyen während des Zweiten Türkenkriegs – Eroberung Ungarns und Siebenbürgens. Graz gewinnt als Handelszentrum immer mehr Einfluss.

1717–1790 Barockzeitalter im Zeichen Maria Theresias (1717–1780) und ihres Sohns Joseph II. (1741–1790), die Zeit des „aufgeklärten Absolutismus“ – denkwürdige Neuerungen wie Abschaffung der Folter und der Leibeigenschaft, Recht auf Bildung

1797–1809 Dreimal besetzen die Truppen Napoleons Graz, erst nach den Friedensverhandlungen schleifen die Franzosen die Festung auf dem Schloßberg.

1806 Kaiser Franz II. muss unter dem Druck des französischen Feldherren die Deutsche Kaiserkrone niederlegen. Beginn der „Donaumonarchie“.

Ferdinand II. (1578–1637) begann als Erzherzog und wurde 1619 zum Kaiser des Heiligen Römischen Reiches gekrönt

Der Zerfall der Donaumonarchie

ab 1807 Erzherzog Johann prägt durch seine Reformen und Errungenschaften die Entwicklung der Steiermark.
1814 Wiener Kongress mit Neuordnung Europas
1814–1848 Brutaler Polizeistaat unter Staatskanzler Metternich. Graz hat etwa 50.000 Einwohner.
1848 Märzrevolution und dann Oktoberrevolution. Franz Joseph I. wird zum Kaiser gekrönt.
1866 In der Schlacht bei Königgrätz verliert Österreich die Vormachtstellung innerhalb des Deutschen Bundes an Preußen.
1867 Österreichisch-Ungarischer Ausgleich, in dem der Kaiser Österreichs gleichzeitig König von Ungarn wird
ab 1870 Verstärkte Industrialisierung, Ausbau der Eisenbahn, Grünanlagen werden geschaffen.
ab 1887 Graz erhält ein neues Rathaus (1887), die Technische Universität (1888), die Oper (1899) und das Landeskrankenhaus (1912).
1916 Die Stadt zählt etwa 170.000 Einwohner.
1914 Ermordung des im Palais Khuenburg geborenen Thronfolgers Franz Ferdinand in Sarajevo, Kriegserklärung Franz Josephs I. an Serbien, Ausbruch des Ersten Weltkriegs
1918 Ende des Kriegs und Zusammenbruch des Habsburgerreiches. Österreich entsteht.

Die Erste Republik, der Anschluss an Nazideutschland und der Zweite Weltkrieg

1918 Ausrufung der Ersten Republik
ab 1920 Schwere Wirtschaftskrise, „Radikalisierung“ der paramilitärischen Gruppen der deutschnationalen Heimwehr und des sozialdemokratischen Schutzbunds
1933 Ausschaltung des demokratisch gewählten Parlaments durch Bundeskanzler Engelbert Dollfuß und Ausrufung eines autoritären austrofaschistischen Ständestaates
1934 Bürgerkrieg zwischen der Heimwehr und dem Schutzbund
bis 1938 Regierung Kurt Schuschniggs
1938 Anschluss Österreichs an Hitler-Deutschland, der durch einen Großteil der österreichischen Bevölkerung begeistert gefeiert wird. Durch die Eingemeindung mehrerer Vororte wie Andritz, Eggenberg, Gösting und Liebenau entsteht Groß-Graz.
1939–1945 Zweiter Weltkrieg mit der brutalen Dezimierung der Juden und heftigen Bombardements vor allem ab 1943
1945 Befreiung der Stadt durch sowjetische Truppen am 8. Mai 1945

Die Zweite Republik

1945 Ausrufung der Zweiten Republik. Die Steiermark wird zur britischen Besatzungszone.
15.5.1955 Unterzeichnung des Staatsvertrags. Österreich wird unabhängig.
1956 Ungarnaufstand als erste Zerreißprobe des neuen Staates
ab 1956 Österreich steht verstärkt im Zeichen der Neutralität – ein Balanceakt am Rande des Eisernen Vorhangs.
1968 Der Steirische Herbst entsteht.
1985 Die styriarte wird ins Leben gerufen.
Anfang der 1990er-Jahre Öffnung der Grenzen nach Osten. 1991 wird Slowenien unabhängig.
1995 Österreich tritt der EU bei.
1999 Die Altstadt wird zum UNESCO-Weltkulturerbe ernannt.
2003 Graz ist Kulturhauptstadt.
2011 Das Universalmuseum Joanneum wird eröffnet.
2021 Elke Kahr (KPÖ) wird Bürgermeisterin.
2024 In der Steiermark finden Landtagswahlen statt.

095gr-dk

Leben in der Stadt

Keine Frage, Graz ist liebens- und lebenswert zugleich, das wissen nicht nur die Einheimischen, sondern auch immer mehr **Zuwanderer** aus anderen Teilen Österreichs, aber auch aus dem Ausland, die sich – sei es zum Studium oder zum Arbeiten – an der Mur niederlassen. Dies ist übrigens kein neues Phänomen, denn bereits unter den Habsburgern siedelten sich hier Menschen aus allen Teilen der Donaumonarchie an, darunter auch viele pensionierte Beamte, weshalb die Stadt schon damals – bis in die späten 1960er-Jahre – den Ruf des perfekten Alterswohnsitzes innehatte und im Volksmund „Pensionopolis“ genannt wurde.

Dies hat sich gehörig geändert, denn heutzutage sind es v. a. **Studentinnen und Studenten,** die Graz zu ihrer Wahlheimat machen. Die bereits 1585 gegründete **Karl-Franzens-Universität** gilt als eine der besten des Landes und stellt zusammen mit der Technischen Universität, der Medizinischen Universität, der Universität für Musik und darstellende Kunst, zwei pädagogischen Hochschulen und zwei Fachhochschulen nach Wien den zweitgrößten Bildungsstandort der Alpenrepublik dar.

Mehr als 60.000 Studierende – also etwa ein Fünftel der Stadtbevölkerung – haben einen geradezu überdimensionalen Anteil am öffentlichen Leben. So wirkt Graz ganz allgemein – ja fast gegensätzlich zum historischen Baubestand – auf den ersten Blick **quirlig-jugendlich** und vielerorts ist die Infrastruktur tatsächlich vornehmlich auf U30-Publikum ausgerichtet.

Geschäftig geht es in Graz vielerorts zu – hier z. B. am Jakominiplatz 17

Interessant ist die Tatsache, dass die Studenten **politisch äußerst aktiv** sind und Parteien des linken und linksliberalen Spektrums hier besonders großen Erfolg haben, allen voran die sonst nur mäßig erfolgreiche KPÖ (Kommunistische Partei Österreichs), die seit 2021 mit **Elke Kahr** sogar die Bürgermeisterin stellt, was die konservative Presse zu dem schönen Wortspiel „Leningraz" an- und aufregte. Doch auch die andere Seite der politischen Landschaft ist in der Stadt und dem Umland stark vertreten. Darunter in Form der oftmals durchaus rechtskonservativen Burschenschaften oder auch durch die in der gesamten Steiermark – genauso wie im ganzen Land – enorm starke rechtspopulistische Partei FPÖ, die wie andere Gesinnungsgenossen europaweit gern die im Ausland geborenen Menschen (die in Graz etwa 28 % der Stadtbevölkerung ausmachen) zu Sündenböcken für die sozialen „Ungerechtigkeiten" und Probleme macht. Denn obwohl die Stadt eine wichtige Standort-Funktion für internationale und nationale Unternehmen hat und mehr als ein Drittel der steirischen Wirtschaftsleistung erzielt, ist die **Arbeitslosenquote** mit knapp 7 % im Landesdurchschnitt mittelmäßig hoch und durch Kürzungen im Sozialwesen gehören Bettler und Obdachlose zum Stadtbild.

Um dem Phänomen der steigenden **Fremdenfeindlichkeit** und den anderen Vorurteilen vorzubeugen, machte der Gemeinderat Graz bereits im Februar 2001 mit einstimmigem Beschluss zur ersten **Menschenrechtsstadt Europas** und seitdem muss bei allen Beschlüssen das Thema Menschenrechte berücksichtigt werden. Doch natürlich konnte diese vorbildliche Entscheidung nicht alle sozialen Probleme auf einen Schlag lösen und so bleibt die **politische Spaltung** der urbanen Gesellschaft bis heute ein durchaus ernstzunehmendes Dilemma.

Wie auch immer, die Stadt ist seit jeher ein Schmelztiegel und die **Grazer** sind ein lustiges Völkchen, das kernig und herzlich zugleich ist und dem Alltag stets mit einer Prise Humor und Leichtigkeit begegnet. Man gibt sich entspannt, gastfreundlich und trägt die Nase nicht hoch, denn irgendwie weiß man ganz tief im Inneren ja, dass Graz im Grunde genommen nicht der Nabel der Welt ist, dafür aber ein bisschen was von einem geheimen Paradies hat. Wundern Sie sich also nicht, wenn man Sie – ganz im Zeichen dieses relaxten Lebensgefühls – duzt, denn dies ist durchaus als Kompliment zu werten, immerhin sieht man Sie als „Erleuchteten", der das Paradies Graz gefunden hat.

Und so ein bisschen **Lokalstolz** tut ja nicht weh, immerhin spielt Graz – nicht nur im nationalen Vergleich – speziell auf dem **Kunst- und Kultursektor** eine beachtliche Rolle. Ausschlaggebend hierfür waren ursprünglich die Kirche und die Adeligen – darunter ganz besonders das Geschlecht der Eggenberger –, die aufwendige Kunstsammlungen anlegten und selbst in den für die Bevölkerung miserabelsten Zeiten nicht darauf verzichteten, in Prunk und Pracht ihren Reichtum zur Schau zu stellen. Die Kunstwerke aus vergangenen Epochen können nach wie vor in etlichen Museen (s. S. 64) wie der Alten Galerie, dem Diözesanmuseum, dem Museum für Geschichte, der Neuen Galerie und natürlich in der „Beletage" im Schloss Eggenberg 27 besichtigt werden. Doch Graz lebt künstlerisch nicht nur in der Vergangenheit, ganz im Gegenteil! So präsentiert man u.a. im Kunsthaus 19, im Künstlerhaus (s.S.65), im Kunst-Garten (s.S.67) oder im Österreichischen Skulpturenpark (s.S.67) zeitgenössisches Ausstellungsdesign und oftmals bahnbrechende moderne Kunst. Bemerkenswert ist zudem die Grazer **Musik- und Bühnenlandschaft**, so sollte ein Besuch der Grazer Oper 18 oder je nach Programmwunsch eines der zahlreichen Theater (s.S.82) wie dem Schauspielhaus 9 unbedingt zum touristischen Pflichtprogramm eines Besuchs gehören. In Sachen Jazz ist die Stadt übrigens sogar im europäischen Vergleich beispielhaft!

Kurzum: Graz genießt den guten Ruf der **hohen Lebensqualität** und verfügt z.B. im Vergleich zu anderen Großstädten über eine **sehr niedrige Kriminalitätsrate.** Das **öffentliche Nahverkehrsnetz** ist vorbildlich, sodass ein eigenes Auto speziell im Innenstadtbereich häufig eher als Belastung wahrgenommen wird, nicht zuletzt wegen der recht **eigentümlichen Parkverordnung** (s.S.113). Ganz kostenlos ist man mit dem **Fahrrad** unterwegs, eine Fortbewegungsart, die durch die allgegenwärtigen Radwege zumindest bei entsprechenden Witterungsverhältnissen eine gute Alternative zum Pkw darstellt.

Es ist eigentlich erstaunlich, dass nicht weit mehr Besucher in die Stadt strömen. Aber mal ganz ehrlich, vielleicht ist Graz ja gerade deshalb noch so **authentisch und entzückend** ... In diesem Sinne: auf nach Graz und sagen Sie's bloß nicht weiter!

Houm's mi schou vastaundn, göl?!

So manch bundesdeutscher oder Schweizer Besucher mag seine Schwierigkeiten mit der örtlichen Mundart haben. Dieser dem Südbairischen zugehörige, „Stoa(n)steirisch" genannte Dialekt zeichnet sich durch die auffallende Verwendung sog. Diphtonge (Zwielaute wie au, ei, ia, oa, ua oder ou) anstatt einfacher Vokale aus, weshalb Österreicher aus anderen Regionen oftmals scherzhaft meinen, die Steirer würden bellen.

So wird aus Hochdeutsch Mann im Steirischen „Maun", aus gut „guat", aus denken „deinkn", aus so „sou" und aus Motorboot „Moatoarbaut".

Gern fügt man am Ende einer Silbe ein nasaliertes n – also durch die Nase gesprochen – hinzu und so klingt heute wie „haint" oder euch wie „eink". Außerdem wird i häufig zu ü wie bei „Fliagnpüzz" statt Fliegenpilz oder „Müch" statt Milch. Darüber hinaus verfügt das Steirische, wie das Österreichische allgemein, über zahlreiche alltägliche Wörter, die vom Bundesdeutschen abweichen. So beispielsweise: die Bim (die Straßenbahn), der Bub (der Junge), das Butzerl (das Baby), das Dirndl (das Mädchen), das Glumpat (unnützes, minderwertiges Zeug), der Greißler (das Tante-Emma-Lädchen), das Häferl (die Tasse), heuer (dieses Jahr), Jänner (Januar), das Leiberl (das T-Shirt), die Melanzani (die Aubergine), das Sackerl (die Tüte), das Schwammerl (der Pilz), die Semmel (das Brötchen), der Sessel (der Stuhl), das Stiegenhaus (das Treppenhaus) usw.

Wer sich eingehender mit dem Österreichischen befassen möchte, dem sei der Kauderwelsch Band 229 „Österreichisch – das Deutsch des Alpenlandes", erschienen beim Reise Know-How Verlag, empfohlen.

Fluch oder Segen „Kulturhauptstadt 2003"?

„In Graz muss man nicht gewesen sein", heißt ein Nebensatz in Thomas Bernhards (1931–1989) Drama „Heldenplatz" und lange verfolgte dieses Credo die Stadt, denn sie litt – zumindest im internationalen Imagebereich – darunter, dass hier leider weder der Walzer noch die Mozartkugel erfunden wurde. Ganz klar, da musste etwas geschehen!

Es war in den Jahren 1996/1997, dass die **Grazer Stadtverwaltung** sich als **Kulturhauptstadt Europas** bewarb und als 1999 dann die Wahl tatsächlich zu Gunsten der kleinen, bis dahin vielfach relativ unbekannten steirischen Kapitale ausfiel, brach dieser Erfolg wie ein Sturm über sie herein.

Viel musste in den knapp vier Jahren bis zum Kulturhauptstadtjahr 2003 passieren, um Graz noch repräsentativer und innovativer zu machen, als es aufgrund seiner historischen Bausubstanz sowieso schon war. Die **baulichen Neuerungen** – von denen das Kunsthaus 19 und die Murinsel 21 die bekanntesten sind – waren in vielerlei Hinsicht revolutionär, wenn auch definitiv nicht jedermanns Geschmack. Ein **Programm** wurde ausgearbeitet, das Europa begeistern und bis dahin Dagewesenes in den Schatten stellen sollte.

Kaum ein Bauwerk aus der Kulturhauptstadt-Ära polarisiert bis heute so wie die Murinsel 21

061gr-dk

Und plötzlich war es da, das sagenumwobene Jahr 2003, in dem sich nicht zufällig auch die älteste urkundliche Erwähnung der Stadt zum 875. Mal jährte, und Graz verfiel in einen Kulturtaumel! 108 Projekte mit etwa 6.000 Einzelveranstaltungen fanden über den Großraum Graz verteilt statt und stellten dabei den Rekord von fast 2,9 Millionen Besuchern auf! Die Hotels verzeichneten rund 840.000 Übernachtungen, das entsprach einem Plus von sagenhaften 23 % im Vergleich zum Vorjahr. Und das Medienecho von mehr als 12.000 Berichten aus Zeitungen und Zeitschriften, der Teilnahme von mehr als 100 TV-Sendern aus 37 verschiedenen Ländern sowie etwa 23 Millionen Klicks auf der Website www.graz03.at war gewaltig.

Aus dem ersten Wortlogo „Graz – wer hätte das gedacht?" wurde schnell „Das Wunder Graz" und tatsächlich entwickelte sich in der öffentlichen Wahrnehmung ein durchwegs **positives Image der Stadt**, in der das Thema Kultur über ein Jahr lang den Ton angab. Graz war auf einmal in aller Munde und „exportierte" Projekte aus dem Programm unter anderem nach New York, Tokio, Paris und Berlin.

Doch leider hat ein Jahr auch an der Mur nur 365 Tage und so war der Zauber irgendwann vorbei und das „steirische Wunderkind" gab am 1.1.2004 den Titel der Kulturhauptstadt an Lille und Genua ab. Es war ein grandioses Jahr, doch **was blieb davon übrig?** Zwar beglücken die „neuen" Bauwerke nach wie vor das Auge der Einheimischen und der Besucher, auch wenn das endgültige Schicksal der Murinsel 21, der die reißende Strömung und das immer wieder auftretende Hochwasser zu schaffen machen, noch nicht entschieden ist. Durch das Aushängeschild „Kulturhauptstadt" hat man mittlerweile zwar sein „Platzerl" auf der touristischen Weltkarte gefunden, doch geht damit ein bis heute **überdimensionaler Anspruch** nach einem sich ständig wandelnden Kulturangebot einher, der leider nur bedingt erfüllt werden kann.

Schade ist zudem, dass Graz für viele anscheinend erst 2003 angefangen hat zu existieren und sie nichts oder nur wenig über die beachtliche „normale" Kulturszene mit Veranstaltungen und Festivals (s. S. 95) wie dem Steirischen Herbst, der styriarte, dem Lendwirbel oder der Diagonale wissen. 2003 hat eben ein Tempo vorgelegt, dass realistisch gesehen heute nicht mehr eingeholt werden kann, auch wenn sich die Stadt gern selbst als „Österreichs heimliche Kunstmetropole" bezeichnet und damit neue Nischen zu besetzen sucht. Immerhin wurde sie 2011 von der UNESCO zur City of Design (www.cityofdesign.graz.at) erklärt und zählt damit zu einer illustren Gruppe von nur etwa 40 Städten weltweit, die sich durch ihre kreative Strahlkraft auszeichnen. Ausschlaggebend für dieses Prädikat waren die hohe Anzahl an Museen und Kunsteinrichtungen in Graz, aber auch die vielen Events und Kunstfestivals sowie die liberale Stadtverwaltung.

Kurzum, Graz ist großartig, ob als ehemalige Kulturhauptstadt oder eben als das, was sie auch vor 2003 schon lange war, nämlich eine **architektonische Perle**, die durch ihre multikulturelle Tradition einen ganz eigenen Charakter hat, der sich auch in der Literatur, Musik, dem Theater und der bildenden Kunst widerspiegelt. Darum werden auch Sie bald feststellen: „Doch, hier muss man gewesen sein!"

PRAKTISCHE REISETIPPS

063gr-dk

An- und Rückreise

Mit dem Auto

Von Frankfurt nach Graz sind es rund 715 Kilometer, von München sind es etwa 420 Kilometer. Wer **aus dem Süden oder Südwesten** Deutschlands oder aus der Schweiz anreist, hat die Wahl, über München auf der A8 bis Salzburg und von dort auf der österreichischen A10 bis Villach und weiter auf der A2 bis Graz oder ab Salzburg zuerst auf der A1 in Richtung Osten bis zum Knoten Voralpenkreuz bei Sattledt und dann auf der A9 – der sog. Pyhrn-Autobahn – in Richtung Graz zu fahren. Diese zweite Option wird auch Reisenden **aus anderen Teilen Deutschlands** empfohlen, wobei man die deutsch-österreichische Grenze aus Passau kommend in Suben überquert und dann auf der A8 bis zum angesprochenen Voralpenkreuz fährt. Zu Verkehrsregeln und Maut siehe Seite 113.

Mit dem Zug

Der **Hauptbahnhof Graz** befindet sich im Lendviertel, im Westen der Stadt. Ab hier gelangt man mit den **Straßenbahnlinien 1, 3, 6 und 7** zum Hauptplatz (1) und zum Jakominiplatz (17). Am Hauptbahnhof kommen **sämtliche Fernzüge** an bzw. fahren auch hier ab.

› Info und Buchung: www.bahn.de, www.sbb.ch, www.oebb.at

•166 [bh] **Hauptbahnhof Graz**

Vorseite: Steil bergauf! Eine Fahrt mit der Schloßbergbahn (s. S. 19) gehört zum ultimativen Graz-Feeling einfach dazu.

Mit dem Flugzeug

Zahlreiche Fluggesellschaften fliegen Graz ab verschiedenen deutschen und Schweizer Flughäfen an. Der **Flughafen Graz-Thalerhof** liegt südlich der Stadt, etwa 9 km vom Zentrum entfernt, und ist über die Autobahnen A2 und A9 sowie über die Schnellstraße B67 mit der Stadt verbunden. Man gelangt entweder mit der **S-Bahn Linie S5** zum Hauptbahnhof (ca. 15 Minuten Fahrtzeit) oder mit den Buslinien 630 und 631 zum Griesplatz, Jakominiplatz (17) oder ebenfalls zum Hauptbahnhof. Der Fahrpreis beträgt für den Bus 2,70 € und für die S-Bahn 3 €.

Eine **Taxifahrt** vom Flughafen in die Stadt oder umgekehrt kostet je nach Entfernung zwischen 20 und 35 €. Ein Taxistand befindet sich direkt vor der Fluggasthalle, nahe dem Ankunftsbereich.

•167 **Flughafen Graz**, A-8073 Feldkirchen, Tel. 0316 2902172, www.flughafen-graz.at

Autofahren

Eigenes Fahrzeug oder Öffentlicher Nahverkehr? Wer das Umland kennenlernen möchte und Sehenswürdigkeiten wie das Freilichtmuseum Stübing (31) oder das Lipizzanergestüt in Piber (32) besuchen will, der tut gut daran, unabhängig mobil zu sein. In Graz selbst benötigt man hingegen weder ein eigenes Auto noch einen Mietwagen. Das öffentliche Verkehrsnetz ist hervorragend ausgebaut und leicht durchschaubar.

Außerdem ist das Stadtzentrum übersichtlich und viele Ziele der Inneren Stadt lassen sich mühelos zu Fuß erreichen.

Hinzu kommt, dass sich das **Parken in der Innenstadt** äußerst schwierig gestaltet bzw. dass man auf relativ teure Parkplätze und Parkhäuser angewiesen ist. Gebührenfreie Zonen gibt es in der Innenstadt gar nicht, sondern es wird zwischen der **Blauen Kurzparkzone** (Mo–Fr 9–20, Sa 9–13, am Hauptbahnhof tägl. 8–22 Uhr, maximale Parkdauer drei Stunden) und der **Grünen Parkzone** (Mo–Fr 9–20 Uhr, ohne zeitliche Beschränkung) unterschieden. Die Zonen sind durch Verkehrszeichen an allen Ein- und Ausfahrten sowie durch Bodenmarkierungen gekennzeichnet und man kauft die Parktickets an den **Parkscheinautomaten** (pro halbe Stunde: 1 € in der Blauen Zone und 0,80 € in der Grünen Zone.)

Die **Parkhäuser** in Graz kosten zwischen 3 und 4,50 € pro Stunde (keine Pauschalen z. B. für 24 Stunden!), sind dafür aber meist rund um die Uhr geöffnet, Hotelparkhäuser (häufig gebührenpflichtig) gibt es ebenfalls vereinzelt. Die beste und günstigste Lösung für längerfristiges Abstellen des eigenen Autos stellen die **Park-and-Ride-Parkhäuser** außerhalb der Innenstadt dar, deren Tickets automatisch auch als Fahrkarten für den ÖPNV fungieren.

P168 Park+Ride Fölling,
Mariatrosterstraße 381, Tel. 0316 8727561, www.gps.graz.at, durchgehend geöffnet, Tagesticket 11 €, Wochenticket 32 €, Stellplätze: 200

P169 [dj] **Park+Ride Murpark,**
Ostbahnstraße 3, Tel. 0316 8727560, www.gps.graz.at, durchgehend geöffnet, Tagesticket 11 €, Wochenticket 32 €, Stellplätze: 450

In Österreich ist die Benutzung aller Autobahnen und Schnellstraßen kostenpflichtig. Man zahlt die Gebühr mit Kauf einer **Autobahnvignette** (sie wird umgangssprachlich Autobahnpickerl genannt), die bei Automobilclubs, in Postämtern und an Tankstellen im Grenzbereich sowie online erhältlich ist. Es gibt Vignetten für einen Tag, 10 Tage, zwei Monate oder ein Jahr (Infos auf www.asfinag.at/maut-vignette). Auf manchen Autobahnen wie der erwähnten Pyhrn-Autobahn gibt es zusätzlich **Sondermautstrecken**, die man vor Ort in bar oder mit EC- oder Kreditkarte bezahlt.

Die **Geschwindigkeitsbeschränkung** beträgt innerorts 50 km/h, außerorts 100 km/h und auf Autobahnen 130 km/h.

Derzeit besteht keine ganztätige **Abblendlichtpflicht**, sie kann aber

064gr-dk

In der Trafik gibt es nicht nur Zigaretten, sondern auch die Autobahnvignette, Fahrscheine u. v. m.

jederzeit erneut eingeführt werden. Achten Sie bei Grenzübertritt auf die entsprechenden Hinweisschilder. Es herrscht **Warnwestenpflicht.** Die **Blutalkoholgrenze** liegt bei 0,5 ‰.

Pannen-Notrufnummern

- **ADAC-Notruf:** Tel. 0049 89222222
- **ÖAMTC-Nothilfe:** Tel. 120 (österreichweit, 24 Std.)
- **Auto-, Motor- und Radfahrerbund Österreichs (ARBÖ):** Tel. 050 123123, Pannendienst (24-Std.-Notruf): Tel. 123

Barrierefreies Reisen

Seit 2015 hat sich Graz als **erste Stadt Österreichs** auf die Fahnen geschrieben, die **UN-Konvention** über die Rechte von Menschen mit Behinderungen umzusetzen. Sprich, die Stadt wird kontinuierlich barrierefreier. So sind mittlerweile sämtliche **Straßenbahnen** Niederflurbahnen und auch die **Busse** sind so konzipiert, dass Rollstuhlfahrer problemlos ein- und aussteigen können. Außerdem gibt es zahlreiche öffentliche **Behindertenparkplätze.**

Eine behindertengerechte Ausstattung bzw. Barrierefreiheit ist jedoch gerade bei vielen Lokalen, bei einigen Hotels und bei manchen Sehenswürdigkeiten, öffentlichen Toiletten und in Theatern und Konzerthäusern noch nicht zur Gänze realisiert.

- Informationen zu einzelnen Themen, inklusive Sehenswürdigkeiten, ÖPNV und Unterkunft, finden sich auf der Seite von **Graz Tourismus** unter www.graztourismus.at/de/unterkuenfte-packages/barrierefrei-in-graz.
- Informativ sind auch die Website www.behindertenrat.at und das Online-Magazin **„Graz für alle"** (www.fuer-alle.at).
- Viele nützliche Extratipps und aktuelle Informationen erhält man außerdem über das Behindertenberatungszentrum **Bizeps,** Schönngasse 15–17/4, A-1020 Wien, Tel. 01 5238921, www.bizeps.or.at.
- **Blinden** hilft auch der Österreichische Blinden- und Sehbehindertenverband Selbsthilfeorganisation blinder und sehbehinderter Menschen, Augasse 132, Tel. 0316 682240, http://stbsv.info.
- **Gehörlose** bekommen hilfreiche Informationen zu diversen Themen unter www.oeglb.at, außerdem gibt es einen SMS-Notruf für Gehörlose: Tel. 0800 133133.

Diplomatische Vertretungen

- **Deutsche Botschaft in Wien,** Gauermanngasse 2–4, A-1010 Wien, Tel. 01 711540, https://wien.diplo.de. Für konsularische Angelegenheiten (Pässe/Personalausweise, Visa usw.) kann auch das Honorarkonsulat in Graz Auskunft geben.

•**170** [bf] **Honorarkonsulat der Bundesrepublik Deutschland,** Andritzer Reichsstraße 66, Tel. 0316 694970, geöffnet Mo–Do 9–11 Uhr

- **Schweizer Botschaft in Wien,** Prinz Eugen-Straße 9a, 1030 Wien, Tel. 0179505, www.eda.admin.ch/wien. Auch die Schweiz betreibt in Graz ein Konsulat, das durchreisenden Schweizerinnen und Schweizern, die beispielsweise infolge von Krankheit, Unfall oder Diebstahl in Not geraten sind, beisteht.

•**171** [E3] **Schweizerisches Honorarkonsulat,** Karmeliterplatz 4, Tel. 050 8060295, Terminvereinbarung telefonisch

Geldfragen

Auch in Österreich zahlt man, wie in Deutschland, mit dem **Euro.** Das **Preisniveau** in Graz ist vergleichbar mit jenem süddeutscher Städte. Günstiger ist – speziell in einfachen Lokalen – der heimische Wein. Benzin und Diesel sind in Österreich billiger als in Deutschland, sofern man nicht Autobahntankstellen anfährt.

Die **Debit-** bzw. **Girocard** (in Österreich „Bankomatkarte" genannt) kann mit Geheimnummer gegen Gebühr an jedem Geldautomaten zum Abheben von Bargeld eingesetzt werden. Die Gebühren für das Geldabheben mit Hilfe der **Kreditkarte** sind meist höher. Kreditkarten werden in den allermeisten Restaurants und Geschäften und auch an allen Tankstellen akzeptiert.

Hunde

Graz verfügt über verhältnismäßig viele Regeln, an die sich Hundebesitzer halten müssen. In den öffentlichen Verkehrsmitteln, aber auch auf Straßen und Plätzen sowie in Parks (ausgenommen sind sog. Hundewiesen) herrscht **strenge Leinen- und Maulkorbpflicht.** In Bus und Bahn brauchen Hunde mittlerweile ein separates Ticket (1,50 € für 60 Minuten, 3,20 € für 24 Stunden). Wer ein Taxi nehmen möchte, sollte dies telefonisch bestellen und dabei gleich darauf hinweisen, dass ein Hund mit an „Bord" geht, denn so mancher Taxifahrer weigert sich, Vierbeiner zu transportieren. Wie in den meisten anderen Großstädten sind auch in Graz Hundebesitzer dazu verpflichtet, die **Hinterlassenschaften** ihrer

Graz preiswert

› Ein guter Tipp für Graz-Besucher, die mehrere Attraktionen besuchen möchten, ist der Kauf eines **Kombitickets für das Universalmuseum Joanneum** (s. S. 65), das für einen oder zwei Tage freien Eintritt in viele Museen erlaubt.

› Die **Graz Card** erlaubt freie Fahrt mit den Bus- und Straßenbahnlinien sowie der Schloßbergbahn, freien Eintritt in viele Museen und beinhaltet eine 90-minütige Gratis-Führung durch die Altstadt. Außerdem erhält man zahlreiche weitere Vergünstigungen und Preisnachlässe. Die Graz Card gibt es für eine Dauer von 24 (26 €), 48 (34 €) oder 72 (39 €) Stunden und ist an normalen Fahrkartenautomaten der ÖBB, in vielen Hotels und in der Touristeninformation (s. S. 116), aber auch online über https://shop.oebbtickets.at erhältlich. Bei jeder Karte sind zwei Kinder bis 15 Jahre inklusive.

› **Gänzlich gratis** ist die Benutzung der **Straßenbahnlinien** zwischen den Haltestellen Jakominiplatz und Hauptplatz plus eine Station in alle Richtungen! Man kann einfach einsteigen und mitfahren.

› Wer die **Straßenbahnlinie 1 in ihrer vollen Länge** – zwischen Schloss Eggenberg 27 im Westen und Mariatrost 24 im Nordosten – befährt, bekommt dabei einen umfassenden Eindruck der Stadt, und das zum Preis eines Einzeltickets.

› Graz hat eine hohe Trinkwasserqualität. Wer **Leitungswasser** in eine Trinkflasche abfüllt, kann sich gerade im Sommer häufige Stopps in Cafés sparen.

Tiere zu entsorgen. Wer eine hundefreundliche Unterkunft sucht, sollte sich auf www.hunde-urlaub.net nach einer passenden Bleibe erkundigen.

Informationsquellen

Infostellen zu Hause

- **Österreich Werbung Deutschland GmbH,** Klosterstr. 64, 10179 Berlin, Tel. 030 2191480 (Mo–Fr 9–17 Uhr), www.austriatourism.com
- **Österreich Werbung Schweiz,** Friesenbergstrasse 75, 8055 Zürich, Tel. 044 4571050 (Mo–Fr 9–17 Uhr), www.austriatourism.com
- **Urlaubsservice der Österreich Werbung,** Tel. (aus Deutschland und der Schweiz) 00800 40020000, www.austria.info (unter „Service und Fakten“ kostenlose Prospektbestellung)

Infostellen in der Stadt

ℹ **172** [D4] **Graz Tourismus Information,** Herrengasse 16, Tel. 0043 31680750, www.graztourismus.at, Januar–März tägl. 10–17, April–Dezember tägl. 10–18 Uhr. Neben Broschüren und vielen Informationen über Graz und Umgebung auch Unterkunftsvermittlung (auch über die Website online buchbar), Literatur, Karten, Buchung von Führungen und Stadtrundfahrten sowie Ausflügen, Verkauf von diversen Tickets und der Multieintrittskarte für das Universalmuseum Joanneum (s. S. 65).

Die Stadt im Internet

- **www.graztourismus.at:** Die Website der Graz Tourismus Information ist die umfassendste und aktuellste Informationsseite mit Hinweisen zu Attraktionen, Veranstaltungen, Hotels, Gastronomie, Shopping und reichlich weiteren praktischen Tipps.
- **www.graz.at:** Die Website der Stadtverwaltung wartet mit Zahlen, News, Veranstaltungen etc. auf.
- **https://grazer.at:** Aktuelle News über die Stadt stehen hier im Vordergrund. Herausgeber ist der Katholische Medien Verein, wenn auch die meisten Informationen vollkommen unreligiös sind.
- **www.falter.at:** Die Seite der Stadtzeitung „falter“ bietet enorm viele Tipps und Veranstaltungshinweise.

Publikationen und Medien

Die beiden am weitesten verbreiteten **Tageszeitungen** mit ausgiebigen Lokalteilen sind die „Presse“ und der „Standard“, die beide über auch für Touristen recht aufschlussreiche **Wochenendbeilagen** verfügen.

Die „Kronen Zeitung“ ist das meistgelesene Blatt Österreichs, dafür aber auch das reißerischste. Eine große Leserschaft hat in der Steiermark außerdem die ebenfalls sehr populistische „Kleine Zeitung“, die eine lokale Sonntagsbeilage namens G7 hat.

Als **Boulevardblatt** ist der „Kurier“ zu bezeichnen, der auch über Kino- und Theaterprogramme verfügt. Als **Stadtzeitung** empfiehlt sich der „falter“, der zwar vorrangig Wien behandelt, aber auch immer über ein Programm zu Graz mit allem Wichtigen zu Wer, Wann, Wo und Was verfügt.

Wohin es die schicke Szene der Stadt verschlägt, verrät das monatlich erscheinende **Lifestyle-Magazin** „Grazetta“ und **Veranstaltungstipps** entnimmt man dem ebenfalls monatlich aufgelegten und kostenlos in vielen Lokalen ausliegenden „Graz CityGuide“.

Aufschlussreich und interessant ist außerdem das „Megaphon", die **Obdachlosenzeitung**, die häufig in Cafés oder auf der Straße verkauft wird, wobei der Erlös Obdachlosenprojekten zugutekommt.

An **lokalen Radiosendern** stehen neben den ORF-Programmen Ö1 (91,2 MHz), Ö2 Radio Steiermark (95,4 MHz), Ö3 (89,2 MHz) und FM4 (101,7 MHz) auch viele Privatsender zur Auswahl, darunter Antenne Steiermark (99,1 MHz), Krone Hit (107,5 MHz), Radio Helsinki (92,6 MHz), Radio Lounge FM (89,6 MHz) und Radio Soundportal (97,9 MHz).

Graz-Apps

› **BusBahnBim:** Mit der App der Grazer Verbundlinien können alle Verbindungen mit Bus, Bahn und Straßenbahn in der Steiermark (und in ganz Österreich) abgefragt werden (gratis für Android und iOS).

Meine Literatur- und Filmtipps

Graz bietet der Literatur seit Langem einen spannenden Nährboden und wurde in den 1960er-Jahren sogar als „heimliche Hauptstadt der deutschsprachigen Literatur" bezeichnet. In diesem Geiste gründeten sich die Schriftstellerverbände der Grazer Autorinnen- und Autorenversammlung und der Grazer Gruppe und es wurden die bis heute existierenden Literaturzeitschriften „manuskripte" (1960), „Perspektive" (1977) und „Lichtungen" (1979) ins Leben gerufen.

Zur Einstimmung oder als Begleitung auf der Reise bieten sich die folgenden **Bücher** an:

› Lojze Wieser (Herausgeber), **Europa erlesen – Graz** (2002), Wieser Verlag: eine Sammlung von Erzählungen, die im weitesten Sinne von Graz handeln, von Autoren wie Friedrich Nietzsche, Robert Musil, Peter Rosegger, Walther von der Vogelweide, Franz Grillparzer, Arthur Schnitzler u. v. a.

› Robert Engele und Christian Penz, **Kramasuri** (2012), Styria Verlag: Das „noch umfassendere Handbuch des Steirerwissens" ist eine äußerst amüsante Abhandlung über Daten und Fakten aus der Steiermark. Hier erfährt man u. a., wie man Kernölflecken entfernt, wo die größte Schweinsbesamungsanstalt Österreichs steht und wann die erste Rolltreppe bei Kastner & Öhler (s. S. 85) in Betrieb ging.

› Unterhaltsam sind außerdem die von Robert Preis geschriebenen Kriminalromane um den Ermittler Armin Trost wie **Der Engel von Graz** (2015), **Die Geister von Graz** (2014), **Graz im Dunkeln** (2016), **Grazer Wut** (2017), **Der Tod tanzt in Graz** (2019), **Der Fall des Grazer Königs** (2021), **Der Tod ist ein Spieler aus Graz** (2022) und **Grazer Hexenjagd** (2023), alle erschienen beim Emons Verlag.

Unter den **Filmen**, die in Graz spielen, seien speziell diese beiden empfohlen:

› **Die unabsichtliche Entführung der Frau Elfriede Ott** (2010): In dieser Komödie führt eine abstruse Katastrophe zur nächsten – österreichischer Humor in Bestform. Regie führte Andreas Prochaska.

› **Das ewige Leben** (2014): Die Verfilmung des sechsten Bands der Brenner-Reihe von Wolf Haas ist eine makabre Kriminalstory mit Showdown auf dem Schloßberg ❺.

- **GrazMobil:** Mit dieser App kann man Tickets für die öffentlichen Verkehrsmittel kaufen (gratis für Android und iOS).
- **HANDY Parken:** Mit dieser Anwendung lassen sich über das Handy schnell und unkompliziert Parkscheine lösen – für Graz und zahlreiche andere österreichische Städte (gratis für Android und iOS).

LGBT+

Es gibt in Graz keine ausgeprägte schwul-lesbische Szene und nur verhältnismäßig wenige Lokale und Clubs mit vorrangig homosexuellem Publikum. Andererseits organisieren auch häufig Nightlife-Spots mit mehrheitlich heterosexuellem Publikum wie die Postgarage (s. S. 82), Die Thalia (s. S. 81), das PPC (s. S. 82) oder das Parkhouse (s. S. 79) verschiedene Happenings für die LGBT-Szene.

Die größten Events des Jahres sind der CSD-Tag (s. S. 97) im Juni mit reichlich Musik- und Showprogramm im Volksgarten und der gewöhnlich im Februar stattfindende Tuntenball (s. S. 95).

Informationsstellen in Graz sind zum Beispiel:

- 173 [dh] **Courage,** Plüddemanngasse 39, www.courage-beratung.at, Tel. 0699 16616662. Eine anerkannte Beratungsstelle für Homosexuelle und Transgender, über deren Website man auch einiges über die schwul-lesbische Szene der Stadt erfährt.
- 174 [A4] **RosaLila PantherInnen,** Annenstraße 26, Tel. 0316 366601, www.homo.at. Eine Art Kulturzentrum mit vielen Informationen zu schwul-lesbischem Leben in Graz. Auf der Website stehen unter anderem ein Eventkalender und ein „GayGuide" zum Download zur Verfügung.

Bei Homosexuellen beliebte **Lokale:**

- 175 [E7] **BaseMENt 2.0,** Brockmanngasse 87, Tel. 0664 7975270, Mo–Sa 20–4 Uhr. Die einzige „echte" Gay-Clubbar der Stadt.
- 176 [E6] **Café Silber,** Klosterwiesgasse 3, www.cafe-silber.at, Tel. 0650 8010321, Mo, Mi–Sa 17–2 Uhr
- 177 [E6] **Café Stars,** Schönaugasse 9, www.facebook.com/stars.graz, Mo–Do 16–2, Fr, Sa 18–4, So 16–24 Uhr

066gr-dk

Der CSD-Tag (s. S. 97), ein schwul-lesbisches Szene-Event in Graz

Medizinische Versorgung

Mit der **Europäischen Krankenversicherungskarte** (EHIC) können gesetzlich Krankenversicherte europaweit unmittelbar erforderliche medizinische Versorgung in Anspruch nehmen. Die Vorlage der Karte genügt, um bei Unfall oder akuter Erkrankung behandelt zu werden.

Gegebenenfalls kann es von Vorteil sein, eine **Auslandskrankenversicherung** abzuschließen, insbesondere hinsichtlich des Rücktransports im Krankheitsfall.

Apotheken sind in der Stadt leicht zu finden. Außerhalb der Öffnungszeiten (meist Mo–Fr 8–12 und 14–18 Uhr, Sa 8–12 Uhr) kann man die diensthabenden Apotheken entweder den Aushängen entnehmen oder sie unter www.info-graz.at/apotheken-notdienst-notfallapotheke-medikamente-nachtapotheke erfahren.

Das größte **Krankenhaus** der Stadt ist das:

⊕178 [dg] **Landeskrankenhaus-Universitätsklinikum Graz (LKH),** Auenbruggerplatz 1, Haltestelle St. Leonhard/LKH, Straßenbahn 7 und Buslinien 41, 77, Tel. 0316 38582242

Den **ärztlichen Notdienst** erreicht man Mo bis Fr von 19 bis 7 Uhr und Sa, So sowie feiertags rund um die Uhr unter Tel. 141, den **kinderärztlichen Notdienst** unter Tel. 0660 5103800 und auf www.aekstmk.or.at/626.

Diensthabende Zahnärzte können unter Tel. 0316 818111 (Ansage vom Tonband) erfragt werden und es steht das Zahnambulatorium im LKH unter Tel. 0316 3853280 zur Verfügung.

Mit Kindern unterwegs

Für aktive Familien gibt es mehrere Möglichkeiten, eine unterhaltsame Zeit in Graz zu verbringen. Die Stadt kann durchaus als kindergerecht, im Frühling und Sommer geradezu als Kinderparadies bezeichnet werden. Für Kids besonders interessante Ziele sind u. a. der **Schloßberg** (5) mit der Märchenbahn und der Schloßbergrutsche, die **Grazer Burg** (10), das **Landhaus und Landeszeughaus** (15), die Museen im Joanneumsviertel (16), die **Burgruine Gösting** (26), das **Schloss Eggenberg** (27) mit seinen großartigen Grünanlagen, aber auch ansonsten die vielen Parks der Stadt.

Außerhalb von Graz werden besonders das **Freilichtmuseum** (31) in Stübing und das **Schloss und Lipizzanergestüt** (32) in Piber auch die kleineren Besucher begeistern. Über die Website von Graz Tourismus gibt es außerdem reichlich Tipps zu diversen Unternehmungen: www.graztourismus.at/de/sehen-und-erleben/graz-fuer/familien.

Die folgenden **Museen** in Graz sind speziell für die Kleinen interessant:

› **CoSA,** im Joanneumsviertel (16). Das CoSA – kurz für Center of Science Activities – gehört zum Universalmuseum Joanneum und widmet sich den Themen Naturwissenschaft und Technik. Kinder (ab 12), Jugendliche, aber auch Erwachsene sollen hier durch Interaktion naturwissenschaftlich-technische Phänomene auf spielerische Art und Weise verstehen lernen. Anfassen und mitmachen sind explizit erwünscht (s. S. 40)!

M179 [C7] **Kindermuseum Frida & Fred,** Friedrichgasse 34, https://fridaundfred.at, Tel. 0316 8727700, Mi–Mo 9–18 Uhr, Eintritt 5,50 €, Familienticket

16 €. Hier wird mehr geboten als nur ein einfaches Museum mit Ausstellungen: Bei Frida & Fred sorgen Indoor- und Outdoor-Spielwelten, ein Labor und ein eigenes Theater für Abwechslung.

180 [E3] **Spielzeug- und Puppenmuseum,** Hartiggasse 4, Tel. 0664 4359311, http://puppenmuseumgraz.at, Mo, Mi, Fr 9.30–12.30 Uhr, Eintritt 8 €, ermäßigt 5 €. Eine Zeitreise mit Spielzeug von anno dazumal. Ob Porzellankopfpuppen, Stofftiere und Figuren der Firma Steiff, Blechspielzeug oder legendäre Käthe-Kruse-Puppen: Hier kann man noch das Spielzeug betrachten, an dem sich Oma und Opa erfreuten.

Graz verfügt auch über mehrere Theater, die vorrangig für jüngeres Publikum spielen:

181 [A5] **Mezzanin Theater,** Elisabethinergasse 27a, Tel. 0316 670550, https://mezzanintheater.at. Kinder- und Jugendtheater, das häufig Festivals veranstaltet und auch theaterpädagogische Projekte im Programm hat.

182 [F5] **Next Liberty,** Kaiser-Josef-Platz 10, Tel. 0316 8000-1120, https://nextliberty.buehnen-graz.com. Unmittelbar an das Opernhaus 18 angeschlossen befindet sich das namhafteste Kinder- und Jugendtheater der Stadt, das ganz nebenbei zu den erfolgreichsten im deutschsprachigen Raum gehört. Auf dem Programm stehen Klassiker, aber auch durchaus moderne Stücke.

183 [E7] **Theater am Ortweinplatz,** Ortweinplatz 1, Tel. 0316 846094, http://tao-graz.at. Inszenierungen diverser Stücke für Kinder (oft von jugendlichen Schauspielern gespielt) sind im TaO! das Standardprogramm, aber es werden auch wöchentlich stattfindende Theaterwerkstätten organisiert.

Notfälle

Verlust und Diebstahl

Diebstähle und Verlust von Wertgegenständen, Geld, Kreditkarten und speziell des Ausweises muss man bei der Polizei melden und protokollieren lassen.

184 [E2] **Stadtpolizeikommando Graz,** Sauraugasse 1, Tel. 059 133650

•185 [B4] **Fundservice der Stadt Graz,** Annenstraße 19, Tel. 0316 8722390, www.fundamt.gv.at, Öffnungszeiten: Mo 7–18, Di–Fr 7–13 Uhr

•186 [bh] **Fundbüro der ÖBB,** Hauptbahnhof, Tel. 93000-22222

Bei **Verlust der Debit-/Giro-, Kredit- oder SIM-Karte** gibt es für Kartensperrungen eine **deutsche Zentralnummer** (unbedingt vor der Reise klären, ob die eigene Bank bzw. der jeweilige Mobilfunkanbieter diesem Notrufsystem angeschlossen ist). **Aber Achtung:** Mit der telefonischen Sperrung sind die Bezahlkarten zwar für die Bezahlung/Geldabhebung mit der PIN gesperrt, nicht jedoch für das **Lastschriftverfahren mit Unterschrift.** Man sollte daher auf jeden Fall den Verlust zusätzlich **bei der Polizei zur Anzeige bringen,** um gegebenenfalls auftretende Ansprüche zurückweisen zu können.

In **Österreich** und der **Schweiz** gibt es keine zentrale Sperrnummer, daher sollten sich Besitzer von in diesen Ländern ausgestellten Debit- oder Kreditkarten vor der Abreise bei ihrem Kreditinstitut über den zuständigen Sperrnotruf informieren.

Generell sollte man sich immer die **wichtigsten Daten** wie Kartennummer und Ausstellungsdatum **separat notieren,** da diese unter Umständen abgefragt werden.

- **Deutscher Sperrnotruf:** Tel. +49 116116 oder Tel. +49 3040504050
- **Weitere Infos:** www.kartensicherheit.de, www.sperr-notruf.de

Notrufnummern

- **Polizei, Feuerwehr oder Notarzt (Euronotruf):** 112
- **Feuerwehr:** 122
- **Polizei:** 133
- **Rettung/Notarzt:** 144
- **Ärzte-Funkdienst:** 141
- **ÖAMTC-Pannenhilfe:** 120

Die Fauna der Steiermark im Naturkundemuseum 16

Öffnungszeiten

In Graz sind **die meisten Geschäfte** Mo bis Fr von 9 bis 20 Uhr und Sa von 9 bis 18 Uhr geöffnet, kleinere Läden und solche außerhalb der Innenstadt machen manchmal eine Mittagspause. Lebensmittelläden öffnen meist früher und schließen samstags oft schon am frühen Nachmittag. **Sonntags** bleiben alle Geschäfte geschlossen, Ausnahmen bilden Shops im Hauptbahnhof und auf dem Flughafen.

Postämter sind von Mo bis Fr zwischen 8 und 12 sowie zwischen 14 und 18 Uhr und Sa von 9 bis 12 Uhr geöffnet.

Museen besucht man am sichersten zwischen 10 und 16 Uhr, wobei viele, aber nicht alle, montags geschlossen haben.

Ämter sollten zwischen 8 und 12 Uhr besucht werden, **Banken** sind gewöhnlich Mo, Di, Mi und Fr von 8 bis 15 und Do bis 17.30 Uhr für Kunden geöffnet.

Post

In Österreich gibt es für Auslandsbriefverkehr zwei Versandarten: **Priority** und **Economy**, wobei Standardsendungen bis 20 g und Postkarten immer schnell bzw. Priority transportiert werden und das **Porto** innerhalb Europas 1,20 € bzw. weltweit 1,90 € kostet. Im **Inland** werden für Standardbriefe und Postkarten 0,81 € fällig. Mehr Informationen findet man unter www.post.at. Briefkästen sind in Gelb gehalten.

✉187 [D5] **Hauptpostamt Graz,** Neutorgasse 46

✉188 [bh] **Postamt Hauptbahnhof,** Europaplatz 10

Radfahren

Graz ist bereits seit vielen Jahren eine ausgesprochen **fahrradfreundliche Stadt** und die Grazerinnen und Grazer sind dementsprechend **radbegeistert.** Durch die vielen Parkanlagen, die **vielen Radwege** innerhalb der Innenstadt und die komplizierte Parkplatzsituation ist das fast logisch.

Auch oder speziell außerhalb der Stadt ist aufgrund der **hervorragenden Infrastruktur** für Radler (wie dem **Murradweg,** s. S. 93) das Fahrradfahren eine angenehme Alternative zu Auto oder ÖPNV. Details dazu gibt es bei der Touristeninformation (s. S. 116).

Fahrräder können, S-Bahnen ausgenommen, in **öffentlichen Verkehrsmitteln** aus Platzgründen nicht mitgenommen werden. Eine Mieträdervermietung ist:

S189 [C1] **Bicycle,** Körösistraße 5, Tel. 0316 688645, https://bicycle.at

Das Rad stellt in Graz das optimale Fortbewegungsmittel dar

Sicherheit

Graz ist **eine sichere Stadt,** dennoch sind vor allem bei Veranstaltungen, auf Märkten oder in öffentlichen Verkehrsmitteln die **üblichen Vorsichtsmaßnahmen** im Hinblick auf Schmuck, Handtaschen, Geldbeutel, Kameras u.a. Wertgegenstände wie überall angeraten. Ist man bestohlen worden, muss bei der Polizei Anzeige erstattet werden (s. S. 120).

Stadttouren

Bus- und Elektroshuttletouren

Bei diesen Touren werden die wichtigen Sehenswürdigkeiten innerhalb der City (Schloss Eggenberg 27 oder die Basilika Mariatrost 24 gehören jedoch nicht dazu) abgeklappert, sehr persönlich sind sie aber nicht. Die Erklärungen werden vorgefertigt über Kopfhörer eingespielt.

- **Cabriobus-Sightseeing.** Die offenen Cabriobusse – bei schlechtem Wetter kommen geschlossene Busse zum Einsatz – fahren in 90 Minuten die wichtigsten Sehenswürdigkeiten der Stadt an, aber auch weitere Ziele in den äußeren Vierteln wie den Lendplatz 22, den Hilmteich (s. S. 92) oder das Universitätsviertel 23. Treffpunkt ist das Kunsthaus 19, Mo–Fr und So um 11 Uhr sowie Sa um 11 und 13 Uhr. Die Touren finden zwischen dem 1. Mai und 30. September statt. Infos und Tickets erhält man über die Tourismus Information (s. S. 116), 22,50 €, ermäßigt 11 €. Wer eine gültige Graz Card besitzt, zahlt 17,50 € bzw. 8,50 € (s. S. 115).
- **Elektro-Panoramabus,** www.graz-sightseeing.at, Tel. 0664 9535777. Die „kleine“ Alternative bietet jede Stunde 40-minütige Touren durch die Innere

Stadt. Man sitzt in offenen Elektroshuttlebussen (maximal 50 Personen) und es gibt am Schloßberg- oder Freiheitsplatz die Möglichkeit für „Hop on hop off". Die Touren starten zwischen April und Oktober tägl. zwischen 11 und 14 Uhr zu jeder vollen Stunde am Schloßbergplatz 3 (Kaiser-Franz-Josef Kai 12–14, Ecke Schloßbergplatz Nr. 2, bei der Fußgängerampel) und jeweils 20 Minuten später am Freiheitsplatz 8. Preis: 12,50 €, ermäßigt 4,50 €. Tickets erhält man beim Fahrer.

Sonstige Touren

› **Graz (nicht nur) für Grazer,** www.grazguides.at, Tel. 0316 586720. Der Verband der Fremdenführer austriaguides bietet ebenfalls verschiedene Spaziergänge zu den unterschiedlichsten Themen an, darunter auch saisonal ganz unterschiedliche. Der Preis einer Tour muss, soweit nicht auf der Website angegeben, je nach Gruppengröße individuell ausgehandelt werden, exklusive eventueller Eintrittspreise.

› **Kulturfuchs:** Der Kulturvermittler Albin Sampel bietet eine Reihe spannender und teilweise recht gruseliger Erlebnisstadttouren an, darunter die Nachtwächtertour durch das abendliche Graz, aber auch die Rundgänge „Sex and Crime" durch das Grazer Scherbenviertel, die Tour „Über den Gottesacker mit dem Totengräber", die über den Zentralfriedhof führt, und „Henkers Tour", bei der Orte besucht werden, die einst für Hinrichtungen genutzt wurden. Die Rundgänge dauern zwei Stunden und kosten 15 € pro Person. Mehr Informationen unter https://kulturfuchs.at.

› **Stadtführungen,** www.graztourismus.at, Tel. 0316 80750. Die Grazer Tourismus Information organisiert eine Handvoll geführter Stadtrundgänge, darunter Touren durch die Altstadt, durch die vielen Innenhöfe der Stadt oder durch das Lendviertel sowie den abendlichen Spaziergang „Graz im Dämmerlicht". Die Preise eines 90-minütigen Rundgangs beginnen bei 15 €, ermäßigt 12 €. Für an der örtlichen Gastronomie Interessierte werden außerdem informative kulinarische 3- bis 4-stündige Schlemmerrundgänge (89 € pro Person inklusive Imbiss und Weinproben) angeboten.

Telefonieren

Die **Vorwahl von Graz lautet 0316**, innerhalb der Stadt muss sie von Festnetz zu Festnetz nicht mit gewählt werden, bei Gesprächen vom Handy zum Festnetz jedoch schon.

0669gr-dk

Luftig und informativ – mit dem Open-Air-Panoramabus durch die Innenstadt

Die **Ländervorwahl** für Österreich lautet **0043**. Die darauffolgende 0 der Ortsnummer entfällt bei Gesprächen aus dem Ausland.

Um von Österreich nach Deutschland oder in die Schweiz zu telefonieren, müssen folgende Nummern vorgewählt werden:

› **Deutschland:** 0049
› **Schweiz:** 0041

Roaming im EU-Ausland

In der EU gibt es keine Roaminggebühren mehr. Damit ist das Telefonieren und Surfen mit dem Handy im EU-Ausland so günstig wie zu Hause – es sei denn, man nutzt das Handy im Ausland über einen längeren Zeitraum hinweg, dann können je nach Anbieter Nutzungsobergrenzen gelten.

Unterkunft

Eine Übernachtungsmöglichkeit zu finden, stellt in Graz kein Problem dar. Die Stadt verfügt über etwa 100 Hotels, Pensionen und Apartmenthäuser aller Kategorien und ist – im Vergleich zu anderen europäischen Großstädten – in der Regel auch nicht übertrieben teuer. Wie praktisch überall gilt: Die Hotels in der **Innenstadt** sind normalerweise teurer als die im **Umkreis.**

Durch das gut ausgebaute Nahverkehrsnetz ist aber eine Unterkunft etwas weiter draußen nur in den seltensten Fällen ein echter Nachteil. Angenehm ist, dass in den meisten Hotels ein reichhaltiges **Frühstück** (meist in Büffetform) im Preis eingeschlossen ist.

Eine **Vorausbuchung** empfiehlt sich das ganze Jahr über, speziell aber in den Frühlings- und Sommermonaten, über Silvester, während des Steirischen Herbstes (s. S. 84) und generell an Wochenenden.

Die Stadt Graz erhebt eine **Nächtigungsabgabe** von 2,50 € pro Nacht und Person. Diese ist i. d. R. im Übernachtungspreis inkludiert und wird nicht gesondert ausgewiesen.

Die Graz Tourismus Information bietet kostenlose Hotelbuchungen an: www.graztourismus.at, Tel. 0043 (0)316 80750.

Unterkunftstipps

Von den nachfolgenden Unterkünften befinden sich nur die exklusivsten in der City, bei allen anderen wird der Standort explizit angegeben. Alle Hotels bieten WLAN.

Luxuskategorie

190 [D4] **Palais-Hotel Erzherzog Johann** €€€, Sackstraße 3–5, Tel. 0316 811616, www.erzherzog-johann.com. **Wohnen wie zu Habsburger-Zeiten:** Dieses luxuriöse Traditionshaus ist definitiv eine der schönsten 4-Sterne-Adressen

Buchungsportale

Neben Buchungsportalen für **Hotels** (z. B. www.booking.com, www.hrs.de oder www.trivago.de) bzw. für **Hostels** (z. B. www.hostelworld.com) gibt es auch Anbieter, bei denen man **Privatunterkünfte** buchen kann. Portale wie www.airbnb.de oder www.wimdu.de vermitteln Wohnungen, Zimmer oder auch nur einen Schlafplatz auf einer Couch. Diese oft recht günstigen Übernachtungsmöglichkeiten sind nicht unumstritten, weil manchmal normale Wohnungen gewerblich missbraucht werden. Einige Städte greifen deshalb regulierend ein.

an der Mur. Mit 57 komfortabel gestalteten Zimmern und Suiten und seiner Lage direkt an der Ecke von Sackstraße ❸ und Hauptplatz ❶ stellt es ein ideales, wenn auch hochpreisiges Refugium für einen Grazbesuch dar.

191 [G4] **Romantik Parkhotel** €€€, Leonhardstraße 8, Tel. 0316 3630, www.parkhotel-graz.at. **Historisch und mittendrin:** In der Altstadt, von einer idyllischen Parkanlage umgeben, befindet sich dieses luxuriöse Hotel, das neben Komfort der Oberklasse auch Verwöhnangebote von Entspannung bis Fitness aufweist. Mit 71 Zimmern eine der kostspieligsten, gleichwohl auch persönlichsten Alternativen unter den „edlen" Hotels der Stadt.

192 [C3] **Schloßberghotel** €€€, Kaiser-Franz-Josef-Kai 30, Tel. 0316 80700, https://schlossberghotel.at. **Das „Kunstvolle" unter den Grand-Hotels:** unterhalb des Schloßbergs ❺, keine 10 Min. vom Hauptplatz ❶ entfernt. Wem die Preise nicht zu teuer sind, dem ist hier in einem der 61 im eleganten Stil eingerichteten Zimmer – in den meisten kann man zeitgenössische Original-Kunstwerke bestaunen – tatsächlich ein besonders exklusiver Aufenthalt garantiert. Das Schloßberghotel gehört zur marko-Gruppe.

Obere und mittlere Kategorie

193 [D5] **aiola LIVING** €€-€€€, Landhausgasse 5, Tel. 0316 811911, https://aiolaliving.com. **Stilvoll und stylish:** Dieses zur aiola-Gruppe gehörende Boutiquehotel fällt zunächst durch sein modernschwülstiges Design auf. Besonders sind neben den 46 funktionellen Zimmern das reichhaltige Frühstück sowie das gut ausgestattete Fitnessstudio.

194 [E7] **Augarten Art Hotel** €€, Schönaugasse 53, Tel. 0316 20800, www.augartenhotel.at. **Ruhe inmitten von Kunst:** In unmittelbarer Nähe zur Innenstadt bietet das von Gunter Domenig gestaltete „Art & Designhotel" 57 elegant-modern eingerichtete Zimmer, die gerade durch ihre edle Schlichtheit außergewöhnlich sind. Werke von über 200 Künstlern finden sich im Haus und es gibt auch einen Indoorpool, eine Sauna und ein Fitnessstudio.

195 [C4] **Grand Hôtel Wiesler** €€, Grieskai 4–8, Tel. 0316 70660, https://grandhotelwiesler.com. **Hippes Flair in Citynähe:** Keine Frage, im Grand Hôtel Wiesler werden sich vor allem jüngere Leute wohlfühlen, denn das urban-legere Flair ist definitiv nicht „08/15". So findet man z. B. in den 98 Zimmern und Suiten keine

Preiskategorien

Die nachfolgenden Preiskategorien dienen als Richtwert für ein Doppelzimmer inkl. Frühstück.

€	unter 100 €
€€	100–180 €
€€€	über 180 €

067gr-dk

Unkonventionell und stylisch – das Hotel Daniel (s. S. 126)

Schränke, sondern Kleiderstangen. Das Frühstück ist außergewöhnlich, es gibt einen Wohlfühlbereich (samt Sauna und Gym), einen Barbier (!) und auch im angeschlossenen Restaurant Salon Marie (s. S. 75) isst man vorzüglich.

196 [bh] **Hotel Daniel** €-€€, Europaplatz 1, Tel. 0316 711080, https://hoteldaniel.com/de/graz. **Innovativ und modern:** Das stylische Daniel direkt beim Hauptbahnhof mag zwar von außen nicht das einladendste Hotel der Stadt sein, die 108 komfortabel gestalteten Zimmer im schlichten Designerstil sind aber definitiv ihr Geld wert. Besonders sind außerdem das Frühstück und die Tatsache, dass sich hier E-Bikeboards (ein Dreirad mit Elektromotor) und Vespas mieten lassen.

197 [B3] **Hotel Feichtinger** €€, Lendplatz 1a, Tel. 0316 724100, www.hotel-feichtinger.at. **Vierbeiner willkommen:** vielleicht nicht das zentralste Hotel der Stadt, dafür ist man hier am Lendplatz 22 in einer der authentischsten Gegenden von Graz. Das Feichtinger verfügt über 41 schallisolierte Zimmer und einen tadellosen Service von Seiten des äußerst herzlichen Teams.

198 [F5] **Hotel Gollner** €€-€€€, Schlögelgasse 14, Tel. 0316 822521-0, www.hotelgollner.com. **Professionell und individuell:** Als erstklassiges Cityhotel lässt sich das Gollner wohl am besten beschreiben. Der Service und die Lage in der Innenstadt lassen keine Wünsche offen und Pool- und Saunabereich laden zum Entspannen ein. Besonders unter Geschäftsreisenden beliebt.

199 [ef] **Hotel Stoiser** €€, Mariatroster Straße 174, Tel. 0316 392055, www.hotel-stoiser.at. **Garantiert familienfreundlich:** Dieses geschmackvoll gestaltete, familiär geführte Hotel befindet sich an der Stadtgrenze (kostenlose Parkmöglichkeiten). Bei den 53 Zimmern stehen Charme und Individualität im Vordergrund und durch das Entspannungsangebot – Sauna, Dampfbad u. a. – kommen hier auch stressgeplagte Besucher sicherlich zur Ruhe.

200 [C5] **Hotel Weitzer** €€, Grieskai 12–16, Tel. 0316 7030, https://hotelweitzer.com. **Traditionsreiches Haus, modern gestaltet:** Unweit des Kunsthauses 19 befindet sich dieses minimalistisch gehaltene Hotel in historischem Setting. Die 204 Zimmer und Suiten sind umfassend ausgestattet und das Haus strahlt jene Individualität aus, die man sonst in großen Hotels so häufig vermisst. Sehenswert ist auch der hoteleigene Spa-Bereich samt Sauna und Dampfbad. Hotelgästen stehen Fahrräder zur Verfügung.

201 [E4] **Hotel zum Dom** €€-€€€, Bürgergasse 14, Tel. 0316 824800, www.domhotel.co.at. **Charmant übernachten im Palais:** Mitten im historischen Teil der Altstadt befindet sich dieses geschmackvoll designte Boutiquehotel im traditionsreichen Palais Inzaghi. Die 29 Zimmer sind allesamt individuell eingerichtet und bieten ein angenehmes Ambiente.

202 [C3] **Kai 36** €€-€€€, Kaiser-Franz-Josef-Kai 36, Tel. 0316 813300, https://kai36.at. **Wohnen über den Dächern der Stadt:** Idyllisch etwas erhöht am Murufer gelegen, bietet diese Adresse all die Vorzüge, die man von einem Boutiquehotel erwartet, inklusive einem kleinen Pool mit Sonnenterrasse. Die 21 Zimmer sind schlicht und zeitgemäß-elegant zugleich.

203 [bf] **Novapark Flugzeughotel** €-€€, Fischeraustraße 22, Tel. 0316 6820100, www.novapark.at. **Außergewöhnlich und erholsam:** Baulich sticht dieses recht große Hotel (160 Zimmer) im Norden der Stadt heraus, denn auf seinem Dach thronen zwei ausrangierte Passagierflugzeuge. Diese dienen als Restaurant bzw. Bar. Das Hotel bietet zudem ein reichhaltiges Wellnessangebot samt Sauna, Pool, Massagen und Salzoase, das auch von Nicht-Hotelgästen genutzt werden kann.

Untere Kategorie

204 [bf] **Gasthof Pfleger** €-€€, Andritzer Reichsstraße 5, Tel. 0316 683219, http://gasthof-pfleger.at/index.html. **Ruhig und gemütlich:** Im Norden von Graz liegt dieser Landgasthof, der sich seit über 100 Jahren in Familienbesitz befindet. Die 13 Zimmer im rustikalen Stil sind funktional und verfügen teilweise über einen Balkon oder eine Terrasse. Kostenlose Parkplätze sind vorhanden.

205 [ef] **Häuserl im Wald** €€, Roseggerweg 105, Tel. 0316 391165, www.legenstein-hiw.at. **Fernab von Stress und Lärm:** Wie der Name erahnen lässt, liegt dieser Landgasthof mitten im Leechwald, im Nordosten der Stadt. Er verfügt über 25 romantisch konzipierte Gästezimmer, ein angeschlossenes Restaurant samt großzügiger Terrasse, Spielplatz, Streichelzoo und viel Grün. Das Häuserl im Wald ist auch eine Einkehrstation auf dem Roseggerweg (s. S. 93).

206 [C4] **Hotel Mariahilf** €-€€, Mariahilfer Straße 9, Tel. 0316 7131630, https://hotelmariahilf.at. **Gutes Preis-Leistungs-Verhältnis:** Herausragend ist in diesem relativ kleinen, traditionsreichen Stadthotel v. a. die Lage hinter dem Kunsthaus 19, einen Steinwurf von der Innenstadt entfernt. Die 44 Zimmer sind vernünftig ausgestattet und lassen für diese Preiskategorie keine Wünsche offen.

207 [dg] **Hotel Villa Rückert** €, Rückertgasse 4, Tel. 0316 323031, www.rueckert.at. **Sympathisches Hotel mitten im ruhigen Villenviertel:** unweit der Karl-Franzens-Universität 23, mit nur 18 Zimmern unweigerlich eine der persönlichsten Adressen der Stadt.

208 **Pension Scherwirt** €, Statteger Straße 135, Tel. 0316 691169, www.scherwirt.at. **Gemütlich, schlicht und einfach:** So geht es in dieser Frühstückspension am nördlichen Stadtrand zu. Die 10 Zimmer sind mit dem normalen Komfort ausgestattet und es stehen ein Außenpool und kostenlose Parkplätze zur Verfügung. Familiäre Atmosphäre.

Hostels und Camping

209 [bh] **A & O Graz** €, Eggenberger Straße 7, Tel. 0316 5701623700, www.aohostels.com/de/graz/graz-hauptbahnhof. Graz' einziges echtes Hostel zeichnet sich durch seine zentrale Lage direkt beim Hauptbahnhof aus. Es gibt Einzel-, Doppel- und Mehrbettzimmer, ein ausgiebiges Frühstücksbuffet, Billardtisch und Tischfußball. Kinder/Jugendliche bis 18 Jahre schlafen kostenlos im Zimmer der Eltern.

Auf dem Dach des Novapark Flugzeughotels dienen zwei ehemalige Passagierflugzeuge als Restaurant bzw. Bar

210 [bh] **JUFA Hotel Graz City** €, Idlhofgasse 74, Tel. 057 083210, www.jufahotels.com/hotel/graz. Dieses Gästehaus ist keine Jugendherberge im klassischen Sinne, sondern bezeichnet sich selbst als Familienhotel, richtet sich aber vorrangig an Schulklassen oder Vereine aus dem Sportbereich. Dennoch kann hier auch individuell gebucht werden. Neben 74 Zimmern in verschiedenen Größen stehen Seminarräume, eine Kletterwand und ein Kinderspielbereich zur Verfügung. Reservierung unbedingt notwendig!

211 Reisemobil-Stellplatz Graz €, Martinhofstraße 3, Tel. 0676 3785102, www.reisemobilstellplatz-graz.at. Auf 4 ha stehen hier 70 großzügige Stellplätze zur Verfügung. Der Campingplatz verfügt über die üblichen Anschlüsse (Wasser, Abwasser und Strom), moderne Sanitäreinrichtungen, ist weitestgehend behindertengerecht und Gäste können das angrenzende Freibad kostenlos benutzen. Etwa 7 km vom Zentrum entfernt, jedoch per Bus (Linien 32 und 62, Haltestelle Straßgang Zentrum) leicht erreichbar.

Verkehrsmittel

Öffentliche Verkehrsmittel

Wie bereits erwähnt, ist das Autofahren in Graz wenig empfehlenswert. Dies stellt aber kein Problem dar, denn die Stadt verfügt über ein **hervorragend organisiertes Nahverkehrsnetz.** Praktisch fast jeden Punkt in Graz und Umgebung erreicht man mit den „Öffentlichen" und selten hat man mehr als 500 m bis zur nächsten Station oder Haltestelle zu gehen!

Es gibt sieben **Straßenbahn-**, knapp 50 **Bus-** und acht **Nachtbuslinien**, die allesamt von der **Holding Graz** und dem **Steirischen Verkehrsbund** betrieben werden. Überregional verkehren **Regio- und S-Bahnen**, die wiederum den Österreichischen Bundesbahnen (ÖBB) unterstehen. Das gesamte ÖPNV-Netz ist in **Tarifzonen** unterteilt, wobei Stadtgebiet und Flughafen als Zone 101 zusammengefasst sind. Ein Ticket für diese Zone kann somit für alle öffentlichen Verkehrsmittel (inklusive der Schloßbergbahn) innerhalb der Zone verwendet werden und erlaubt auch das Umsteigen.

Die „Bim" ist in den meisten Fällen die beste Option, um mit den „Öffentlichen" von A nach B zu kommen

068gr-dk

- **Straßenbahnen:** In Graz spricht man von der „Bim“ und die zahlreichen Linien verbinden viele Ziele mit dem Hauptplatz 1 und dem Jakominiplatz 17. Die Straßenbahnen fahren täglich zwischen 5 Uhr und Mitternacht.
- Auch gibt es diverse **Buslinien**, von denen aber nur manche für Touristen praktisch sind, wenn auch einige Ziele wie der Kalvarienberg 25, die Burgruine Gösting 26 oder jene außerhalb der Stadt vorrangig per Bus zu erreichen sind. Die **Nachtbuslinien** sind für Nachtschwärmer von Interesse; sie verkehren stündlich bis etwa 3 Uhr. Der zentrale Busbahnhof ist am Andreas-Hofer-Platz [C5], unweit des Joanneumsviertels 16.
- **Schloßbergbahn:** Einmalig ist eine Fahrt mit der Standseilbahn, die vom Kaiser-Franz-Josef-Kai den Schloßberg 5 erklimmt und dabei auf einer Streckenlänge von gerade mal 212 m 109 Höhenmeter überwindet (s. S. 19).
- **S-Bahnen:** Sämtliche Linien fahren ab dem Hauptbahnhof (s. S. 112) und interessant sind speziell die S1 und S11 nach Judendorf-Straßengel (Wallfahrtskirche Maria Straßengel 29), Gratwein-Gratkorn (Stift Rein 30) und Stübing (Freilichtmuseum 31), die S5 zum Flughafen (s. S. 112) oder die S7 nach Bärnbach (Dorfkirche Bärnbach, s. S. 55) und Köflach (Lipizzanergestüt 32).
- **Infos:** Über die Website www.holding-graz.at können online Tickets gekauft werden und man kann sich Fahrpläne ausdrucken. Für Verbindungen außerhalb der Stadt ist die Suchfunktion unter www.verbundlinie.at hilfreich, genau wie die App **BusBahnBim** (s. S. 117).

062gr-dk

Festhalten! Die Schloßbergbahn (s. S. 19) überwindet eine Steigung von erstaunlichen 599 Promille.

Tickets

Die **Fahrkarten** müssen vor Fahrtantritt gekauft werden. Das geht entweder online über www.holding-graz.at, über die Apps BusBahnBim und Graz-Mobil (s. S. 117), an Automaten oder an offiziellen Vorverkaufsstellen bzw. direkt in Bussen oder Straßenbahnen. Eine Einzelfahrt kostet 3 € (erm. 1,50 €) und ist 60 Min. gültig. Neben den einfachen Tickets gibt es 24-Stunden- (6,40 €, erm. 3,20 €) oder Wochentickets (18,30 €) bzw. die 10-Tage-Streifenkarte (24 €, erm. 12 €). Für Besucher interessant ist zudem die Graz Card (s. S. 115), die neben freier Fahrt auch freien Eintritt in Museen und weitere Preisnachlässe umfasst.

Auch **Hunde** benötigen in Graz ein Ticket für Busse und Straßenbahn (s. S. 115).

Gänzlich gratis ist übrigens die Benutzung der Straßenbahnlinien zwischen den Haltestellen Jakominiplatz und Hauptplatz plus eine Station in alle Richtungen!

Taxis

Graz verfügt über **mehrere Taxiunternehmen.** Die Grundgebühr beträgt 4,90 € und danach steigt der Fahrpreis entsprechend der gefahrenen Strecke um 2 € (nachts 2,20 €) pro Kilometer. Wichtige Telefonnummern von Taxiunternehmen sind:

- **Taxi 878,** Tel. 0316 878
- **Taxi 222,** Tel. 0316 222
- **Taxi 2801,** Tel. 0316 2801
- **Taxi Speedy,** Tel. 0316 889

Es gibt auch ausgesprochene **Flughafentaxis** wie z. B. die Dokter GmbH (www.flughafentaxigraz.at).

Auch der Fahrdienst **Uber** ist in Graz vertreten und kann über die entsprechende App angefordert werden.

Wetter und Reisezeit

Graz liegt in der **illyrischen Klimazone,** somit ist man hier südöstlich der Alpen vor der Westwetterlage des mitteleuropäischen Kontinentalklimas weitestgehend abgeschirmt. Entsprechend ist es im Vergleich häufig milder als andernorts in Österreich. Die **durchschnittliche Tagestemperatur** liegt im Januar bei etwa 0 °C, im April bei etwa 11 °C, im Juli bei über 21 °C und im Oktober ebenfalls bei 11 °C.

Länger anhaltende **Regenperioden** sind selten und am ehesten zwischen Mai und August anzutreffen. **Schnee** gibt es immer seltener und wenn, dann nur in wenigen Fällen dauerhaft. Wirklich berühmt ist aufgrund seiner geradezu mystischen Farbenpracht der **Herbst in der Steiermark.** Dies ist auch die Zeit der Ernte in den Weingärten und zahlreicher damit verbundener Festivitäten.

Eine Reise nach Graz lohnt sich **das ganze Jahr über.** Es kommt natürlich auf die persönlichen Prioritäten an. Möchte man das grüne Graz und seine wunderbare Umgebung genießen, sind die Monate ab Anfang Mai bis Ende September am günstigsten; stehen Museen, Konzerte, Theater und/oder Shopping im Mittelpunkt, dann ist die Jahreszeit weitgehend gleichgültig.

Doch sei hier nochmals darauf hingewiesen, dass es gerade im Winter häufig zu einer **hohen Smog- und Feinstaubbelastung** kommt, da die oberen Luftschichten wärmer sind als die unteren und dadurch kaum Frischluft in das Grazer Becken strömt.

› *Ganz schön verworren: die Doppelwendeltreppe in der Grazer Burg* ⑩

Wetter in Graz

Durchschnitt	Jan	Febr	März	Apr	Mai	Juni	Juli	Aug	Sept	Okt	Nov	Dez
Maximale Temperatur	3°	7°	12°	17°	22°	25°	27°	26°	21°	16°	9°	3°
Minimale Temperatur	–4°	–3°	1°	6°	10°	14°	16°	15°	11°	7°	2°	–3°
Regentage	5	5	7	8	11	12	11	10	8	6	7	5

081gr-dk

Kleine Sprachhilfe Österreichisch

Die folgenden Wörter und Redewendungen wurden dem Reisesprachführer „Österreichisch – das Deutsch des Alpenlandes" (Kauderwelsch-Band 229) aus dem Reise Know-How Verlag entnommen und sollen dem Leser eine erste kurze Einführung in die österreichische Sprache bieten.

Begrüßen und Verabschieden

Grüß Gott! Grüß dich! / euch! Griaß di! / Griaß eich! (Dialekt)	Guten Tag!
Küss die Hand! Habe die Ehre! Meine Verehrung, Gnädigste!	Guten Tag!
Servus! ugs: Servas! Hallo! (auf der 1. Silbe betont)	Hallo!
Auf Wiederschauen!	Auf Wiedersehen!
Servus! Baba! (immer endbetont)	Tschüs(s)!
Pfiat di (Gott)! (Dialekt) Pfiat euch (Gott)! (jedoch niemals „Pfiat Sie"!)	Behüte dich Gott! Behüte euch Gott!
Also dann, ich bin dahin!	Ich bin dann mal weg!
Baba und schaut's auf euch!	Tschüs und macht's gut!

Floskeln und Fragen

Gestatten Sie ... ! Darf ich höflich fragen ... ? Sind S' mir nicht bös' ... !	Entschuldigung!
Und passt eh alles? Und wie haben wir's? ugs.: Und wie hamma's? Und wie schauen wir aus? ugs.: Und wie schau' ma aus?	Und, wie geht's?

Redewendungen

Das taugt mir!	Das gefällt mir!
(Geh) wusch!	Wow!, Unglaublich!
Geh, bitte!	Ach, komm!
Gemma ... !	Lasst uns ... !
Gemma gemma!	Schneller! Ein bisschen zackig!
Hoppala!	Hoppla!
Jössas!	Huch!
Helf dir Gott!, Vergelt's Gott!	Gesundheit! (Niesen)

Bumstinazl!	Wahnsinn!, Unfassbar!
Na da schau her!	Das sind ja mal Neuigkeiten!
Na geh?!	Echt?! Wirklich?!
Na Servus!	Das hat jetzt gerade noch gefehlt!
No na!	Versteht sich ja wohl von selbst!
Öha!	Hoppla!, auch: Moment mal!
Schau di' an!	Mann oh Mann! Alle Wetter!
Fix noch einmal!	Mist!, Verflixt!
Kruzitürken!	Verflixt!
Schmäh ohne! / Ohne Schmäh!	Das meine ich ganz ernst!/ Ohne Scheiß! Kein Witz!
Soda! / Sodala!	Hier! / Hier haben Sie! / Hier habt Ihr!
Da hört sich ja alles auf!	Das ist ja wohl die Höhe!
Das spießt sich!	Da geht gar nichts voran!
Jetzt kann ich nicht mehr aus!	Jetzt weiß ich nicht mehr weiter!
Das freut mich nicht!	Ich habe keine Lust!
Das geht mich an.	Das geht mir auf die Nerven.
Das ist für den Hugo!	Das ist für die Katz!
Pfoa!	Boa (ej)!
Volle Wäsch(e)!	Volles Rohr!
Ui je! / Ui jegerl!	Ojemine!
Hauen wir uns auf ein Packl!	Lass uns zusammentun!
Hauen wir uns über die Häuser!	Komm, wir verschwinden!
Ich reiß mich nicht drum!	Ich bin nicht gerade scharf drauf!

Die wichtigsten Richtungsangaben

umi / uma	hinüber / herüber
aufi / aufa	hinauf / herauf
obi / oba	hinunter / herunter
dauni / dauna	von etwas weg
zuwi / zuwa	zu etwas hin / her
vieri	geradeaus, vorwärts
z'ruck	zurück, rückwärts

Die wichtigsten Zeitangaben

heuer	dieses Jahr
hie und da	ab und an, stellenweise
hintennach	danach
im Vorhinein	im Voraus
in der Früh	am Morgen, morgens
untertags	tagsüber
unter der Woche	in der Woche
wochentags	werktags
zeitgerecht	rechtzeitig
in Hinkunft	in Zukunft
alle heiligen Zeiten	alle Jubeljahre
Nur nicht hudeln!	Nur keine Eile!

REISE
KNOW-HOW
@ReiseKnowHow
@reiseknowhowverlag
@Reise_KnowHow
auf www.reise-know-how.de
für den Newsletter anmelden
Zugspitze. Foto: Aneta Niemitz

Register

Impressum

Daniel Krasa

CityTrip Graz

4., neu bearbeitete und aktualisierte Auflage 2024

ISBN 978-3-8317-3811-3

Druck und Bindung:
mediaprint solutions GmbH, Paderborn

Herausgeber: Klaus Werner
Layout: amundo media GmbH (Umschlag, Inhalt), Peter Rump (Umschlag)
Lektorat: amundo media GmbH
Karten: Ingenieurbüro K. Wendler, amundo media GmbH
Anzeigenvertrieb: KV Kommunalverlag GmbH & Co. KG, Alte Landstraße 23, 85521 Ottobrunn, Tel. 089 928096-0, info@kommunal-verlag.de
Kontakt: Osnabrücker Str. 79, 33649 Bielefeld, info@reise-know-how.de

Alle Angaben in diesem Buch sind gewissenhaft geprüft. Preise, Öffnungszeiten usw. können sich jedoch schnell ändern. Für eventuelle Fehler übernehmen Verlag wie Autor keine Haftung.

Bildnachweis

Umschlagvorderseite: © zm_photo, stock.adobe.com | Umschlagrückseite: © photo 5000, stock.adobe.com | Umschlagklappe rechts: Daniel Krasa
Soweit ihre Namen nicht vollständig am Bild vermerkt sind, stehen die Kürzel an den Abbildungen für die folgenden Fotografen, Firmen und Einrichtungen. Daniel Krasa: dk | Freilichtmuseum Stübing: fms | Gabrielle Boiselle: gb

Liste der Karteneinträge

Hier nicht aufgeführte Nummern liegen außerhalb der abgebildeten Karten. Ihre Lage kann aber wie die von allen Ortsmarken im Buch mithilfe der Web-App angezeigt werden (s. S. 143).

Zeichenerklärung

- Hauptsehenswürdigkeit, fortlaufend nummeriert
- [D3] Verweis auf Planquadrat
- Arzt, Apotheke, Krankenhaus
- Aussichtspunkt
- Bar
- Bibliothek
- Biergarten, Kneipe
- Brunnen
- buddhistischer Tempel
- Café, Eiscafé
- Denkmal
- Galerie
- Geschäft, Kaufhaus, Markt
- Hotel, Unterkunft
- Imbiss
- Informationsstelle
- Jugendherberge, Hostel
- Kino
- Kirche
- Moschee
- Museum
- Musikszene, Disco
- Parkplatz/-haus
- Pension
- Polizei
- Post
- Restaurant
- Schwimmbad
- Sonstiges
- Sport-/Spieleinrichtung
- Straßenbahn-Halt
- Synagoge
- Theater
- Turm
- Vegetarisches Lokal
- Weinstube

- Spaziergang „Kurztrip nach Graz" (s. S. 8)
- Stadtspaziergang (s. S. 12)
- Shoppingareale
- Gastro- und Nightlife-Areale

Graz mit PC, Smartphone & Co.

QR-Code auf dem Umschlag scannen oder **www.reise-know-how.de/citytrip/graz24** eingeben und die **kostenlose Web-App** aufrufen (Internetverbindung zur Nutzung nötig)!

★**Anzeige der Lage und Satellitenansicht aller** beschriebenen Sehenswürdigkeiten und weiteren Orte
★**Routenführung** vom aktuellen Standort zum gewünschten Ziel
★**Exakter Verlauf** der empfohlenen Stadtspaziergänge
★**Updates** nach Redaktionsschluss

GPS-Daten zum Download

Die GPS-Daten aller Ortsmarken und der Spaziergänge stehen auf der Produktseite des Titels auf www.reise-know-how.de zum Download zur Verfügung.

Stadtplan für mobile Geräte

Um den Stadtplan auf Smartphones und Tablets zu nutzen, empfehlen wir die App „Avenza Maps" der Firma Avenza™. Über die Funktion „Store" kann die „Citymap Graz 2024" kostenlos geladen werden.

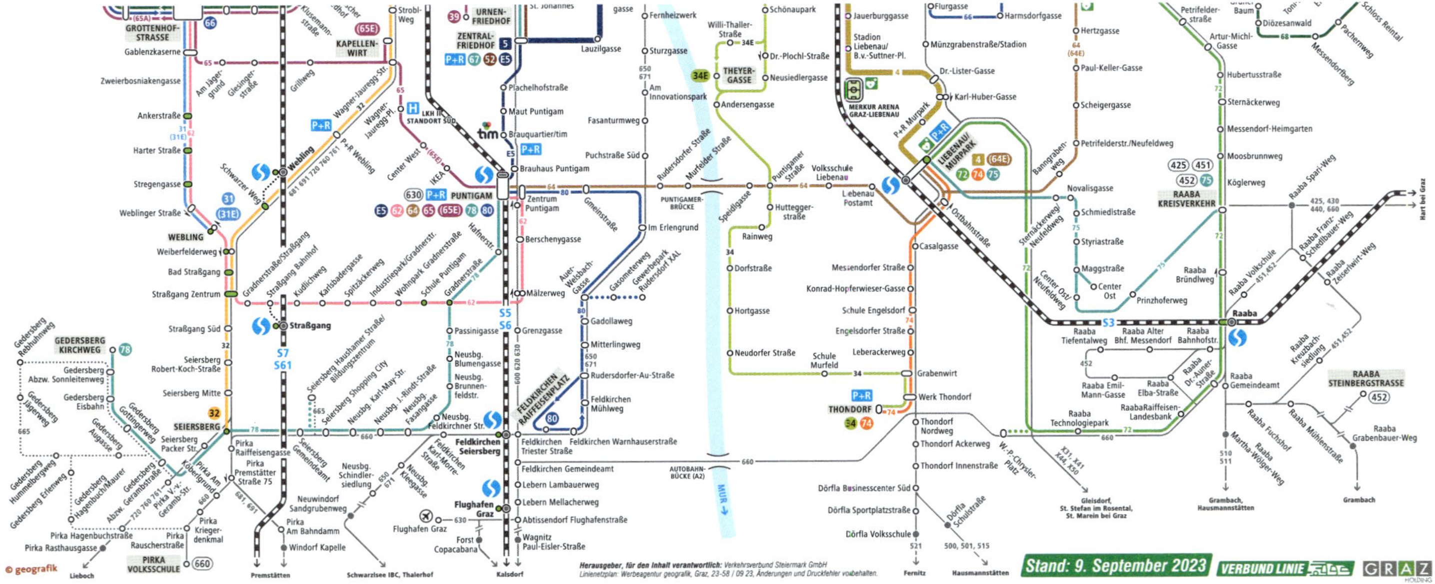
GROTTENHOF-STRASSE
Gablenzkaserne
Zweierbosniakengasse
Ankerstraße
Harter Straße
Stregengasse
Weblinger Straße
WEBLING
Weiberfelderweg
Bad Straßgang
Straßgang Zentrum
Straßgang Süd
Seiersberg Robert-Koch-Straße
Seiersberg Mitte
SEIERSBERG
Seiersberg Packer Str.
GEDERSBERG KIRCHWEG
Gedersberg Rebhuhnweg
Gedersberg Abzw. Sonnleitenweg
Gedersberg Jägerweg
Gedersberg Eisbahn
Gedersberg Gottingerweg
Gedersberg Augasse
Gedersberg Hummelbergweg
Gedersberg Erlenweg
Gedersberg Hagenbuch/Maurer
Gedersberg Abzw. Gerambstraße
Pirka V.-v.-Geramb-Str.
Pirka Am Kobergrund
Pirka Hagenbuchstraße
Pirka Rasthausgasse
Pirka Rauscherstraße
Pirka Kriegerdenkmal
PIRKA VOLKSSCHULE
Pirka Raiffeisengasse
Pirka Premstätter Straße 75
Pirka Am Bahndamm
Windorf Kapelle
Neuwindorf Sandgrubenweg
Neusbg. Schindlersiedlung
Neusbg. Kleegasse
Feldkirchen Karl-Morre-Straße
Flughafen Graz
Forst Copacabana
Webling
P+R Webling
Schwarzer Weg
Straßgang
Gradnerstraße/Straßgang
Straßgang Bahnhof
Kudlichweg
Karlsbadergasse
Spitzäckerweg
Industriepark/Gradnerstr.
Wohnpark Gradnerstraße
Schule Puntigam
Gradnerstraße
Hafnerstr.
Seiersberg Haushamer Straße/Bildungszentrum
Seiersberg Shopping City
Neusbg. Karl-May-Str.
Neusbg. J.-Rindt-Straße
Neusbg. Fasangasse
Neusbg. Feldkirchner Str.
Seiersberg Gemeindeamt
Passinigasse
Neusbg. Blumengasse
Neusbg. Brunnenfeldstr.
Feldkirchen Seiersberg
KAPELLENWIRT
Strobl-Weg
Wagner-Jauregg-Str.
Wagner-Jauregg-Pl.
LKH II STANDORT SÜD
Center West
IKEA
URNENFRIEDHOF
ZENTRALFRIEDHOF
Plachelhofstraße
Maut Puntigam
Brauquartier/tim
Brauhaus Puntigam
PUNTIGAM
Zentrum Puntigam
Berschenygasse
Mälzerweg
Grenzgasse
FELDKIRCHEN RAIFFEISENPLATZ
Feldkirchen Triester Straße
Feldkirchen Warnhauserstraße
Feldkirchen Gemeindeamt
Lebern Lambauerweg
Lebern Mellacherweg
Abtissendorf Flughafenstraße
Wagnitz Paul-Eisler-Straße
Lauzilgasse
Gmeinstraße
Im Erlengrund
Auer-Welsbach-Gasse
Gasometerweg
Gewerbepark Rudersdorf XAL
Gadollaweg
Mitterlingweg
Rudersdorfer-Au-Straße
Feldkirchen Mühlweg
Fernheizwerk
Sturzgasse
Am Innovationspark
Fasanturmweg
Puchstraße Süd
Rudersdorfer Straße
Murfelder Straße
PUNTIGAMER BRÜCKE
AUTOBAHNBRÜCKE (A2)
MUR
Schönaupark
Willi-Thaller-Straße
Dr.-Plochl-Straße
THEYERGASSE
Neusiedlergasse
Andersengasse
Speidlgasse
Puntigamer Straße
Huttegger-straße
Rainweg
Dorfstraße
Hortgasse
Neudorfer Straße
Schule Murfeld
Volksschule Liebenau
Liebenau Postamt
Jauerburggasse
Stadion Liebenau/B.v.-Suttner-Pl.
MERKUR ARENA GRAZ-LIEBENAU
P+R Murpark
LIEBENAU/MURPARK
Ostbahnstraße
Casalgasse
Messendorfer Straße
Konrad-Hopferwieser-Gasse
Schule Engelsdorf
Engelsdorfer Straße
Leberackerweg
Grabenwirt
Werk Thondorf
THONDORF
Thondorf Nordweg
Thondorf Ackerweg
Thondorf Innenstraße
Dörfla Businesscenter Süd
Dörfla Sportplatzstraße
Dörfla Volksschule
Dörfla Schulstraße
W.-P.-Chrysler-Platz
Flurgasse
Harmsdorfgasse
Münzgrabenstraße/Stadion
Dr.-Lister-Gasse
Karl-Huber-Gasse
Hertzgasse
Paul-Keller-Gasse
Scheigergasse
Petrifelderstr./Neufeldweg
Banngrabenweg
Novalisgasse
Schmiedlstraße
Styriastraße
Maggstraße
Center Ost
Prinzhoferweg
Sternäckerweg/Neufeldweg
Center Ost/Neufeldweg
Raaba Tiefentalweg
Raaba Alter Bhf. Messendorf
Raaba Bahnhofstr.
Raaba Emil-Mann-Gasse
Raaba Elba-Straße
Raaba Dr.-Auner-Straße
RaabaRaiffeisen-Landesbank
Raaba Technologiepark
Raaba Gemeindeamt
Raaba Fuchshof
Raaba Martha-Wölger-Weg
Raaba Mühlenstraße
Raaba Grabenbauer-Weg
RAABA STEINBERGSTRASSE
Raaba Kreuzbachsiedlung
Raaba
Raaba Volksschule
Raaba Franz-Schedlbauer-Weg
Raaba Zeiserlwirt-Weg
Raaba Bründlweg
RAABA KREISVERKEHR
Raaba Spari-Weg
Köglerweg
Moosbrunnweg
Messendorf-Heimgarten
Sternäckerweg
Hubertusstraße
Petrifelderstraße
Artur-Michl-Gasse
Diözesanwald
Messendorfberg
Pachernweg
Schloss Reintal
Liebach
Premstätten
Schwarzlsee IBC, Thalerhof
Kalsdorf
Fernitz
Hausmannstätten
Gleisdorf, St. Stefan im Rosental, St. Marein bei Graz
Grambach, Hausmannstätten
Grambach
Hart bei Graz
© geografik
Herausgeber, für den Inhalt verantwortlich: Verkehrsverbund Steiermark GmbH
Linienetzplan: Werbeagentur geografik, Graz, 23-58 / 09 23, Änderungen und Druckfehler vorbehalten.
Stand: 9. September 2023
VERBUND LINIE
GRAZ HOLDING